TEOLOGIA SISTEMÁTICA

Obra escrita por Denilson da Silva Matos. Todos os diretos autorais foram contratualmente cedidos para o Instituto Bíblico das Assembleias de Deus, nos termos do artigo 49, da Lei 9.610/98 (Lei de Direitos Autorais).

EAD - ENSINO MÉDIO TEOLÓGICO A DISTÂNCIA

©2021, Denilson Matos

Título Teologia Sistemática - As Doutrinas Fundamentais da Fé Cristâ

4ª Reimpressão - 2023

Todos os direitos reservados por - **IBAD**
Rua São João Bosco, 1114 – Santana
12403-010 – Pindamonhangaba, SP
Telefax – (12) 3642-5188
www.ibad.com.br

PROIBIDA A REPRODUÇÃO POR QUAISQUER MEIOS, SALVO EM BREVES CITAÇÕES, COM INDICAÇÃO DA FONTE.

Impresso no Brasil

Coordenação
Pr. Mark Jonathan Lemos

Todas as citações bíblicas foram extraídas da versão revista e corrigida, salvo indicação ao contrário.

Dados Internacionais de catalogação na publicação (cip)
(Câmara Brasileira do Livro, SP, Brasil)

Matos, Denilson
ISBN - 978-65-89859-05-5

Índice para Catálogo Sistemático
Teologia Sistemática: Cristianismo: Antigo Testamento,
Novo Testamento: Religião.

TEOLOGIA SISTEMÁTICA

As Doutrinas Fundamentais da Fé Cristã

Curso Médio de Teologia

EAD - ENSINO MÉDIO TEOLÓGICO A DISTÂNCIA

Sobre o livro

Categoria – Religião

Fim da Execução – Fevereiro de 2022
4ª Reimpressão Junho de 2023

Formato – 16 x 23 cm
Mancha – 12,3 x 19,2 cm

Tipo e corpo: Garamond
Papel: off set 765mg
Tiragem: 1500 exemplares

Impresso no Brasil – Printed in Brazil

Equipe de Realização

Supervisão: Pr. Mark Jonathan Lemos

Produção Editorial

Coordenação
Pr. Mark Jonathan Lemos

Normatização do Texto
Emerson Cavalheiro

Revisão Teológica
Denilson Matos

Revisão de Português
Emerson Cavalheiro

Capa & Diagramação
Heitor Galvão Souza

Sumário

Sumário 5
Introdução 13

Unidade I – A Doutrina de Deus e das Escrituras 15

Capítulo 1 – Revelação Especial 17
Capítulo 2. A Inspiração das Escrituras 27
Capítulo 3. A Existência de Deus 35
Capítulo 4. Os Atributos de Deus 39
Capítulo 5. Doutrina da Trindade 45

Unidade II – A Doutrina de Cristo e dos Anjos 51

Capítulo 1 – Messianismo em Israel 53
Capítulo 2 – O Messias no Novo Testamento 59
Capítulo 3 – As Duas Naturezas de Jesus 65
Capítulo 4 – A Doutrina dos Anjos (Angelologia) 71
Capítulo 5 – Satanás e os Anjos Maus 81

Unidade III – A Doutrina do Homem, do Pecado e da Salvação 89

Capítulo 1 – A Doutrina do Homem (Antropologia) 91
Capítulo 2 – Tricotomia, Dicotomia e Monismo 97
Capítulo 3 – Doutrina do Pecado (Hamartiologia) 105
Capítulo 4 – A Doutrina da Salvação (Soteriologia) 113
Capítulo 5 – Teorias da Expiação 121

Unidade IV – A Doutrina do Espírito Santo e da Igreja 129

Capítulo 1 – A Doutrina do Espírito Santo (Pneumatologia) 131
Capítulo 2 – A Obra do Espírito Santo 137
Capítulo 3 – Os Nomes e os Símbolos do Espírito Santo 145
Capítulo 4 – Doutrina da Igreja (Eclesiologia) 151
Capítulo 5 – Os Propósitos da Igreja 157

Considerações finais 163
Exercício 165
Bibliografia 179

Apresentação

O calendário marcava 15 de outubro de 1958, quando dava-se início a um chamado Divino que nasceu do coração de um homem simples, nascido na cidade de Pelotas - RS. Naquele momento, tendo apenas 8 alunos nasceu o que conhecemos hoje como IBAD, na pacata cidade de Pindamonhangaba/SP, pelas mãos do casal de missionários Pr. João Kolenda Lemos e Ruth Dóris Lemos.

Durante 55 anos (1958-2013), o IBAD se manteve fiel a proposta inicial e teológica, trabalhando no sistema de internato de forma ininterrupta. Formaram-se milhares de pastores, teólogos, professores, missionários, pregadores e uma infinidade de líderes que propagam as mensagens aprendidas sobre a Palavra do Senhor pelo Brasil e os quatros cantos do mundo.

Em 2006, o IBAD entendeu que precisava transcender os limites de Pindamonhangaba e lançou os cursos teológicos médio e avançado livres à distância. Essa nova metodologia foi criada pensando nos pastores e líderes que sempre sonharam em fazer parte da instituição, mas devido ao tempo e situação financeira, não tiveram a oportunidade de estudar nosso conteúdo de alto nível e reconhecimento dentro do ensino teológico.

Em pouco mais de 10 anos, o curso livre de teologia alcançou a significativa marca de mais de 35 mil alunos pelo mundo, se tornando um sucesso na mídia especializada. Somos hoje o curso teológico que mais cresce no meio eclesiástico e estamos presentes em quase todas as cidades do Brasil e em mais de 15 países. Já formamos mais de 60 mil obreiros e hoje nos tornamos referência de qualidade e excelência entre os cursos livres à distância, dentro da área de teologia.

Guiados por uma nova gestão, demos início em 2011 aos primeiros passos em direção do nosso maior sonho: a criação da Faculdade FABAD. Foram milhares de horas trabalhadas, incontáveis ligações, idas e vindas à Brasília, além de inúmeras visitas do MEC em nossa sede em Pindamonhangaba. Toda essa espera e esforço trouxeram o resultado tão almejado em 2016, com a Portaria MEC nº 358 de 05 de maio de 2016, que credenciou a Faculdade FABAD para os cursos presenciais de Bacharel em Teologia e Tecnólogo em Processos Gerenciais.

Mas a chama que sempre nos guiou e nos levou a quebrar diversas barreiras nesses mais de 60 anos história, ficou ainda mais forte e uma nova jornada teve início. Nosso objetivo agora se tornara levar um ensino superior de qualidade para todo o Brasil. Por isso, ouvindo os pedidos de nossos alunos, em 2017 protocolamos perante ao MEC o credenciamento da FABAD para cursos EaD.

Foram momentos de ansiedade e de muita preparação de toda a equipe, trabalhando para ter os melhores recursos e plataformas para nossos alunos online. E com muita felicidade pudemos anunciar o lançamento do Bacharel em Teologia EaD da FABAD, com a Portaria nº 34, de 11 de fevereiro de 2020.

Agora levamos um curso de Graduação em Teologia totalmente à distância e online, com uma plataforma moderna de estudo e a melhor biblioteca digital do país. E esse é apenas o primeiro passo dado pela Faculdade FABAD EaD, que além do Bacharel em Teologia também oferece cursos de Pós-graduação totalmente à distância e nos próximos anos oferecerá cursos de graduação nas mais diversas áreas de conhecimento.

Aproveite seus estudos e seja bem-vindo a família IBAD/FABAD. Muito obrigado por escolher fazer parte dessa caminhada de aprofundamento teológico conosco.

Como estudar a distância

Caro estudante,
Nosso curso a distância foi estruturado com o objetivo de atender a todos que desejam ter maior entendimento sobre a Bíblia. Para atingir esse objetivo, tivemos o cuidado de planejar e produzir um material adequado para proporcionar a você a melhor experiência educacional possível. Nesse planejamento, chegamos à conclusão de que os livros deveriam não só ter um bom conteúdo, mas também ser acessível a todas as pessoas que desejam ter maior conhecimento das Escrituras Sagradas. Também observamos a necessidade de atender pessoas de qualquer região do país, com diferentes níveis de conhecimento. A partir de tais critérios, desenvolvemos uma coleção de vinte e quatro livros, a qual se constitui em um curso médio de Teologia a distância.

Esses vinte e quatro livros, escritos de forma clara e objetiva, apresentam, de modo geral, vinte capítulos divididos em quatro unidades. Em cada unidade e em cada capítulo, há sempre uma introdução para que o leitor tenha ciência do que estudará naquela unidade e naquele capítulo. Tudo isso foi realizado com o intuito de facilitar a leitura. Com esse mesmo intuito, solicitamos que você observe as orientações para o estudo.

1- Recomendações para melhor aproveitamento de seu curso
Esse estudo requer atitudes próprias de qualquer estudante, porém

ele tem como objetivo essencial abençoar sua vida cristã e dar-lhe instrumentos para que você desenvolva o ministério cristão com maior eficácia. Isso implica que serão necessárias, de sua parte, atitudes espirituais corretas, tais como:

1) Ore sempre antes de começar a lição. Isso preparará o seu coração para receber não apenas as informações, mas principalmente os princípios que serão úteis na sua vida com Deus.

2) Tenha o cuidado de sempre consultar a Bíblia. A leitura bíblica é primordial e insubstituível. Quanto mais você conhecer a Bíblia pela leitura diária, mais facilidade terá na compreensão de estudos que lhe auxiliarão no conhecimento dela.

3) Tenha sempre uma atitude de humildade. Deus revela verdades importantes àqueles que mantém essa atitude em seus corações.

Além desses cuidados, atente também para a dedicação, a disciplina e a perseverança, atitudes essenciais para a obtenção de êxito em todas atividades. Ao iniciar este curso de Teologia, conscientize-se da importância da manutenção desses princípios para o sucesso de sua aprendizagem. Concentre-se sempre no que estiver fazendo, pois a vida está no presente. O passado é a fonte das experiências, e o futuro, um tempo que deve ser planejado para que, quando transformado em presente, possibilite a colheita do que foi plantado, isto é, a obtenção dos resultados desejados. Se mantivermos tudo isso em mente, teremos sempre grandes chances de alcançarmos nossos objetivos.

2- Regras Básicas para a Compreensão do Texto

A leitura bem sucedida – compreensão de texto - requer do leitor a observância de alguns procedimentos básicos. São eles:

· Leitura do texto – Ao iniciar seu estudo, preste atenção à apresentação do livro e à introdução de cada unidade e de cada capítulo. Isto é importante porque essas introduções facilitarão sua compreensão do texto.

· Leitura de unidades de ideia – A leitura de palavras, ao contrário da de unidades de pensamento, faz com que o leitor interprete um texto erroneamente. Isto significa que não devemos ler palavra por palavra e sim atentar para a ideia geral do texto.

· Conhecimento do vocabulário – O conhecimento do significado das palavras auxilia todo o processo de leitura. Por isso, tenha sempre à mão um dicionário da língua portuguesa e também um dicionário ou enciclopédia bíblica. É importante que essa consulta ao dicionário seja feita somente após uma primeira leitura do texto para que você não

corra o risco de fazer uma leitura com interpretação inadequada.
· Leitura de diversos tipos de texto – A diversidade de textos permite que o leitor não só amplie seus conhecimentos, como também adquira maior habilidade para leitura. Procure ler outros livros que falem sobre o mesmo assunto.

3- Aplicação Pessoal
· Questões para reflexão – Em todos os capítulos, há questões com o objetivo de levar o estudante a refletir sobre os temas abordados, bem como fazer uma aplicação dos mesmos à realidade atual.
· Exercícios – No final de cada livro, o estudante encontrará exercícios relacionados a cada capítulo estudado para a verificação do conhecimento e fixação do conteúdo.

INTRODUÇÃO

A disciplina de *Teologia Sistemática* visa estudar as principais doutrinas da Palavra de Deus. A *Teologia Sistemática* é uma tentativa de organizar as principais doutrinas bíblicas. Tendo como base a Bíblia, os resultados da teologia bíblica e da teologia histórica, ela sistematiza as diversas informações obtidas, de forma que sejam compreensíveis e úteis no processo de edificação e aperfeiçoamento de pessoas nas diversas comunidades de fé.

A *Teologia Sistemática*, portanto, tem um aspecto organizador, ou seja, é a tarefa de sintetizar, de maneira organizada, "corpos doutrinários". Os diversos temas encontrados nas Escrituras são desenvolvidos e organizados a ponto de serem compreendidos e formarem o núcleo de crenças e doutrinas cristãs.

Assim, esta disciplina se propõe a estudar os principais temas da fé cristã: A Doutrina da Palavra de Deus, a Doutrina de Deus, a Doutrina de Cristo, a Doutrina dos Anjos, a Doutrina do homem, a Doutrina da Salvação, a Doutrina do Espírito Santo e a Doutrina da Igreja. Com o intuito de apresentar, da melhor maneira possível, o desenvolvimento das doutrinas cristãs, organizamos esse guia didático como segue.

Na primeira unidade, trataremos da Doutrina da Palavra de Deus. Abordaremos o processo de produção literária, bem como os aspectos que fundamentam a autoridade da Bíblia como Palavra de Deus. Ainda na primeira unidade, estudaremos a Doutrina de Deus, a revelação de Deus através das Escrituras e seus principais atributos.

Na segunda unidade, trataremos da Doutrina de Cristo. Nela, falaremos das promessas e expectativas messiânicas no Antigo Testamento, bem como da sua concretização em Jesus Cristo. Falaremos, também, das doutrinas relacionadas às duas naturezas de Cristo, sua natureza divina e sua natureza humana. Trataremos, também, da Doutrina dos

Anjos. Nela, discorreremos sobre a presença dos anjos no Antigo e Novo Testamento, bem como sua natureza e classificação hierárquica. Estudaremos, também, os aspectos ligados aos anjos maus e à Satanás. Sua natureza, sua atividade e o destino dos demônios e de seu líder, Satanás.

Na terceira unidade, trabalharemos, conjuntamente, a Doutrina do Homem, do Pecado e a Doutrina da salvação. O homem em seu estado pecaminoso que necessita de redenção.

Por fim, na quarta e última unidade, falaremos da Doutrina do Espírito Santo e da Doutrina da Igreja. Estudaremos os aspectos da obra do Espírito Santo e sua influência direta na fundação, organização e atuação na Igreja primitiva e na atualidade.

Bons estudos e que Deus nos abençoe!

UNIDADE I

A Doutrina de Deus e das Escrituras

Deus é o ponto de partida da Teologia. Estudar Deus pode parecer uma incógnita, ou, como muitos atestam, uma presunção. Em nosso caso, temos a plena convicção de que Deus pode ser estudado na medida em que se revelou. Por esse motivo, estudamos em conjunto nesta unidade, tanto a Doutrina de Deus, como a Doutrina das Escrituras.

Em nossa primeira unidade, estudaremos os aspectos ligados a Deus e a sua natureza. Sem dúvida, não há outra forma de lidar com tais evidências sem a devida compreensão das Escrituras Sagradas e o seu papel duplo de revelar a Deus e o seu plano divino da redenção. Assim, dividimos esta unidade em cinco capítulos. No primeiro capítulo, estudaremos a Revelação Especial. Logo em seguida, no segundo capítulo, trabalharemos a Inspiração Bíblica. No terceiro capítulo, aprenderemos sobre a existência de Deus. No quarto capítulo, estudaremos os Atributos de Deus. E, por fim, no quinto capítulo, falaremos sobre a Doutrina da Trindade.

CAPÍTULO 1

Revelação Especial

Existem duas categorias primárias da revelação de Deus, a saber, a revelação geral, e a revelação especial. O estudo acerca da importância e significado das Escrituras (Bibliologia) se insere dentro do que chamamos de revelação especial. Segundo John R. Higgins (2020, p.73), uma vez que "não podemos conhecer o plano divino da redenção por meio de alguma teologia natural, precisamos de uma teologia revelada mediante uma revelação especial de Deus". Enquanto a revelação geral possibilita o ser humano conhecer alguns aspectos de Deus, ela não pode e não é suficiente para trazer a salvação à humanidade, portanto, apenas por intermédio da revelação especial o homem consegue compreender as verdades essenciais e o propósito redentor de Deus.

Esse processo acontece, segundo Higgins (2020), por pelo menos cinco formas:

- **Pessoal:** É o conhecimento de Cristo, através das Escrituras Inspiradas. Por intermédio de uma comunhão pessoal, o homem chega a conhecer as características de Deus (Sua existência, perfeições e exigências) e conhecimentos práticos do próprio Deus.

- **Compreensível:** É o modo como Deus escolheu se revelar. Devido a finitude e a incapacidade humana de compreender (por si só) a Deus, Ele se revela em forma compreensível ao ser humano, a saber, na forma antropomórfica, e segundo características da linguagem humana. Evidente que o ser humano não pode lograr conhecer a Deus exaustivamente, Ele sempre permanece incompreensível, ou seja, conhecemos a Deus mediante as Escrituras em um grau infinitamente menor e limitado, contudo, verdadeiro e suficiente.

- **Progressiva:** Expressa a ideia da revelação progressiva de Deus mediante as Escrituras. Leva em consideração os quinze séculos que a revelação levou para ser completada. A revelação progressiva não se refere a uma evolução gradual, mas de complementaridade às revelações anteriores, como atesta o texto bíblico: "Havendo Deus, outrora, falado, muitas vezes e de muitas maneiras, aos pais, pelos profetas, nestes últimos dias, nos falou pelo Filho, a quem constituiu herdeiro de todas as coisas, pelo qual também fez o universo" (Hb 1,1-2).

- **Registrada:** É a forma das Escrituras. É importante ressaltar, aponta Higgins (2020), que essa não é a única forma que Deus se utilizou para se revelar, contudo, devemos ressaltar três razões para Deus mandar registrar boa parte dessa revelação exclusiva de Si mesmo. Primeiro: O padrão escrito da revelação fornece a certeza do "Assim diz o Senhor"; Segundo: A revelação divina escrita garante que a revelação de si mesmo seja completa e tenha continuidade. Haja vista que a revelação é progressiva, havia a necessidade de registrar cada ato para elucidar e clarificar a mensagem da redenção; Terceiro: Além de preservar a revelação no seu caráter integral, possibilita a transmissão de modo exato às gerações posteriores.

- **Transmitida:** A principal tarefa das Escrituras é gerar fé nas gerações futuras. Ao armazenar as revelações divinas, ela cumpre seu papel primordial de oferecer conhecimento de Deus àqueles que experienciaram esses eventos no passado e possibilita esse mesmo processo aos fiéis contemporâneos. Deus falou no passado, e continua falando, hoje, através das Escrituras registradas:

> Escutai, povo meu, a minha lei; prestai ouvidos às palavras da minha boca. Abrirei os lábios em parábolas e publicarei enigmas dos tempos antigos. O que ouvimos e aprendemos, o que nos contaram nossos pais, não o encobriremos a seus filhos; contaremos à vindoura geração os louvores do Senhor, e o seu poder, e as maravilhas que fez. Ele estabeleceu um testemunho em Jacó, e instituiu uma lei em Israel, e ordenou a nossos pais que os transmitissem a seus filhos, a fim de que a nova geração os conhecesse, filhos

que ainda hão de nascer se levantassem e por sua vez os referissem aos seus descendentes (Sl 78,1-6).

Esse processo, entretanto, gerou um debate acerca do conceito de Palavra de Deus. Ou seja, a Bíblia é a Palavra de Deus ou contém, meramente, A Palavra de Deus. Esse debate é importante, pois, na medida em que definimos tal proposição, a Bíblia pode ser considerada coextensiva com a revelação especial.

1.2 Autoridade das Escrituras

O debate acerca da autoridade das Escrituras teve início com o que chamamos de racionalismo teológico. Esse movimento que ganha força na Alemanha do século XIX, tem como premissa o estudo da Bíblia ancorado nas teorias racionalistas, advindas da herança do Iluminismo. Seus proponentes, aponta Claudionor Corrêa de Andrade (2015, p.23), "asseveravam que a Bíblia contém a palavra de Deus. Outros, à semelhança do Teólogo americano Gordon Kaufman, se limitavam a exaltar a Bíblia como Literatura gloriosa'".

Os Neo-Ortodoxos sugerem uma distinção entre Palavra de Deus (divina) e seu registro nas Escrituras (humano), insinuando que a Bíblia "torna-se palavra de Deus à medida que alguém, ao lê-la, tem um encontro pessoal com o Senhor" (ANDRADE, 2015, p.24).

A posição conservadora afirma que a Bíblia é a Palavra de Deus. Higgins (2020), afirma que,

> a Bíblia é "um livro divino-humano no qual cada palavra é, ao mesmo tempo, divina e humana. A totalidade das Escrituras é a Palavra de Deus em virtude da inspiração divina dos seus autores humanos. A palavra de Deus, na forma da Bíblia, é um registro inspirado de eventos e verdades da autorrevelação de Deus.

Andrade (2015) sublinha que tanto a Igreja primitiva, como os Reformadores do séc. XVI, fizeram questão de ressaltar a importância da Bíblia como Palavra de Deus. Os primeiros, ressaltaram a inspiração do Espírito para as Escrituras (2Tm 3, 16; 2Pe 1,20-21), assim como os Reformadores afirmaram a Bíblia como única norma em matéria de fé e prática, como refutação da superioridade das tradições da Igreja de

Roma às Escrituras. Assim, a Bíblia não é meramente um registro dos atos de redenção de Deus, ela é um desses atos de redenção (HIGGINS, 2020). Para Antônio Gilberto (2015, p.26), "É a revelação de Deus à humanidade. Seu autor é Deus mesmo. Seu real intérprete é o Espírito Santo. Seu assunto central é o Senhor Jesus Cristo".

Há vários significados na Bíblia para o conceito "Palavra de Deus". Wayne Grudem (2012, p.23), sublinha pelo menos dois: A Palavra de Deus como Pessoa; e a Palavra de Deus como comunicação verbal de Deus. **"A Palavra como Pessoa" refere-se às vezes que a Bíblia apresenta o Filho de Deus como "a Palavra de Deus". Ancorado em Ap 19.13, "Está vestido com um manto tinto de sangue, e o seu nome se chama o Verbo de Deus", e Jo 1.1, "No princípio era o Verbo, e o Verbo estava com Deus, e o Verbo era Deus",** atesta a identificação de Jesus como a Palavra de Deus, "que em sua pessoa tem o papel de comunicar o caráter de Deus e de expressar a vontade de Deus para nós" (GRUDEM, 2012, p.23).

Em relação "a Palavra de Deus" como comunicação verbal de Deus, Grudem (2012) observa quatro características: Os decretos de Deus; Palavras de Aplicação pessoal; Palavras de Deus comunicadas por lábios humanos e; Palavras de Deus em forma escrita. Os decretos de Deus causam eventos, trazem coisas à existência. É o ato criador de Deus por intermédio da Palavra, os céus e terra (Gn 1), e toda criatura existente (Sl 33,6). Decreto de Deus é, segundo Grudem (2012, p.24), "uma palavra divina que faz algo acontecer. Esses decretos de Deus incluem não só eventos da criação original como também a existência contínua de todas as coisas, pois Hb 1.3 nos diz que Cristo está o tempo todo "sustentando todas as coisas pela palavra do seu poder".

Às vezes, aponta Grudem (2012, p.24), Deus se comunica diretamente com uma pessoa, falando diretamente a ela, como exemplo de Palavras de Deus de *aplicação pessoal*. Exemplos de Adão (Gn 2,16-17); o momento em que Deus faz a aliança no Sinai com o povo de Israel (Êx 20, 1-3); ou até mesmo, as palavras de Deus em relação a Jesus após o batismo (Mt 3,17). Nesses exemplos, aponta o autor, fica evidente para os ouvintes que aquelas palavras eram palavras de Deus, pois, "Eles estavam ouvindo a voz do próprio Deus e, portanto, ouvindo palavras que tinham autoridade divina absoluta e eram absolutamente fidedignas". Contudo, são também palavra "humanas", por serem proferidas em linguagem humana, a fim de serem compreendidas.

As "Palavras de Deus comunicadas por lábios humanos" evidenciam a frequência com que Deus levanta ou escolhe pessoas para expressar sua vontade por intermédio deles. Embora sejam palavras humanas, aponta Grudem (2012, p.25), e em linguagem humana, "sua autoridade e veracidade não sofrem nenhuma redução; ainda são palavras de Deus". Várias passagens do Antigo Testamento evidenciam esse processo, atestando que o que o profeta e/ou pessoa escolhida por Deus fala apenas o que foi ordenado por Deus: "Eis que ponho na tua boca as minhas palavras (Jr 1,9); "tudo quanto eu te mandar falarás" (Jr 1.7; veja também Êx 4.12; Nm 22.38; 1Sm 15.3, 18,23; 1Rs 20.36; 2Cr 20.20; 25.15-16; Is 30.12-14; Jr 6.10-12; 36.29-31). Qualquer pessoa que alegasse estar falando pelo Senhor, mas que não tivesse recebido uma mensagem da parte dele era severamente punida (Ez 13.1-7; Dt 18.20-22).

Assim,

> as palavras de Deus comunicadas por lábios humanos eram consideradas tão autorizadas e verdadeiras como as palavras de Deus de aplicação pessoal. Não havia nenhuma redução de autoridade dessas palavras quando expressas por lábios humanos. (GRUDEM, 2012, p.25)

Além das palavras de Deus em forma de decretos, bem como aplicação pessoal, e comunicadas por lábios humanos, temos as "palavras de Deus em forma escrita", a saber, a Bíblia. Em várias passagens do texto bíblico encontramos Deus solicitando que suas palavras fossem colocadas em forma escrita. O primeiro exemplo pode ser encontrado no relato de Êxodo, a confecção das tábuas dos dez mandamentos: *"E, tendo acabado de falar com ele no monte Sinai, deu a Moisés as duas tábuas do Testemunho, tábuas de pedra, escritas pelo dedo de Deus"* (Êx 31.18). Deus disse também a Jeremias: *"Escreve num livro todas as palavras que eu disse"* (Jr 30.2; cf. Jr 36.2-4, 27-31; 51.60). No Novo Testamento, Jesus promete a seus discípulos que o Espírito Santo os faria lembrar das palavras que ele, Jesus, havia-lhes falado (Jo 14.26; cf. 16.12-13). Paulo ousa dizer que as palavras que estava escrevendo aos coríntios eram *"mandamento do Senhor"* (ICo 14.37; cf. 2Pe 3.2).

Grudem (2012) sublinha que essas palavras são consideradas palavras de Deus, mesmo mediante o processo de escrita realizado por humanos e em linguagem humana. Tanto as palavras, como o processo são absolutamente autorizados e absolutamente verdadeiros. O autor destaca, também, as vantagens advindas das palavras de Deus em forma escrita, a saber: uma preservação muito mais precisa, oportunidade para exame repetido e acessível a muito mais pessoas.

Contudo, esse processo de formação da palavra de Deus, em

especial em sua forma escrita (A Bíblia), bem como proferida por lábios humanos, se encerrou quando o Cânon do Novo Testamento foi completado.

1.3 Cânon das Escrituras

Segundo Grudem (2012, p. 28) "O Cânon das escrituras é a lista de todos os livros que pertencem à Bíblia". Nem todos os livros que se apresentavam como "religiosos" foram considerados e reconhecidos, tanto pelos judeus ortodoxos, bem como pela liderança do cristianismo primitivo. Há uma importância muito grande nesse processo, haja vista que, segundo Andrade (2015, p.29),

> A Bíblia, como o nosso cânon por excelência, arvora-se como a nossa única regra de fé e conduta, pois a temos como a infalível Palavra de Deus. Em termos técnicos, podemos definir assim o cânon das Sagradas Escrituras: coleção de livros reconhecidos pela igreja cristã como singularmente inspirados pelo Espírito Santo.

Da mesma forma, Walter Brunelli (2016, p.189), aponta para a importância do Cânon como "referência absoluta à nossa fé e prática de vida cristã".

Diante dessa preocupação, atual e antiga, se iniciou o processo de identificação dos textos que deveriam ser considerados como textos canônicos, ou seja, "considerados a revelação autorizada e infalível da parte de Deus" (HIGGINS, 2020).

É com Moisés que evidenciamos uma preocupação com as Escrituras e sua preservação. Os dez mandamentos são as palavras mais antigas de Deus, constituindo, portanto, o início do cânon veterotestamentário. As tábuas representavam, segundo Grudem (2012), os termos da aliança entre Deus e o povo. Ao serem depositadas na arca da aliança (Dt 10,5) tinha um duplo objetivo, além da preservação delas, tinham como objetivo legitimar a autoridade absoluta das leis e sua importância para a constituição de Israel como nação. Além dos escritos atribuídos a Moisés, ao longo do tempo, outros escritos se somaram ao Pentateuco, formando o cânon do Antigo Testamento.

Brunelli (2016), aponta que ao lado dos escritos de Moisés e de Josué, os livros proféticos e os escritos (*megillot*), já gozavam de autoridade entre os judeus e diante de um conjunto maior de textos. Esses textos, ou seja, os proféticos, encerram o processo de escrita e formação do cânon do Antigo Testamento, como apontado por Grudem (2012, p.29),

> Se datarmos Ageu de 520 a.C., Zacarias de 520-518 a.C. (talvez com material acrescentado depois de 480 a.C.) e Malaquias por volta de 435 a.C., teremos ideia das datas aproximadas dos últimos profetas do Antigo Testamento. Coincidindo grosso modo com esse período estão os últimos livros da história do Antigo Testamento- Esdras, Neemias e Ester. Esdras foi para Jerusalém em 458 a.C., e Neemias esteve também ali em 445-433 a.C. Ester foi escrito algum tempo depois da morte de Xerxes I (= Assuero) em 465 a.C., e é provável que isso tenha ocorrido durante o reinado de Artaxerxes (464-423 a.C.). Desse modo, depois de aproximadamente 435 a.C. não houve mais acréscimos ao cânon do Antigo Testamento.

Embora o judaísmo ortodoxo atestasse o fechamento do Cânon do Antigo Testamento como afirmado anteriormente, muitos grupos e movimentos que surgiram no período intertestamentário escreveram prolixamente acerca de suas ideias e visões de mundo. Os diversos textos conhecidos como "Apócrifos" e "Pseudoepígrafos", reivindicavam uma revelação especial para o fim dos tempos. Contudo, esses textos não foram aceitos como inspirados e canônicos, por ocasião do Concílio judaico de Jâmnia, entre os anos 90 e 100 d.C.

A mais antiga lista do Cânon do Antigo Testamento pode ser datada do ano 170 d.C, compilado por Melito de Sardes, bispo de Sardes (HIGGINS, 2020; GRUDEM, 2012; BRUNELLI, 2016), e, em sua lista, não é mencionado nenhum texto apócrifo.

Quanto à formação do Cânon do Novo Testamento, ele nasce após o hiato escriturístico entre o Antigo e o Novo Testamento. Após séculos de ausência de escritos inspirados, os primeiros textos do Novo Testamento seguem o advento do Messias. Os textos compreendem, em sua maioria, a autoridade apostólica, haja vista que, segundo Grudem (2012, p.33), "foram principalmente os apóstolos que receberam a capacidade do Espírito Santo para recordar de modo preciso as palavras e os atos de Jesus e interpretá-los corretamente para as gerações posteriores". Os Apóstolos, portanto, têm autoridade para escrever palavras do próprio Deus, iguais em veracidade e autoridade àquelas das Escrituras do

Antigo Testamento.

Em 2Pe 3,15-16, o Apóstolo Pedro cita as epístolas paulinas como *"Escrituras"*, termo utilizado pelo Novo Testamento para se referir aos textos inspirados do Antigo Testamento, como atesta Grudem (2012, p.34),

> A palavra traduzida por "Escrituras" aqui é grafh, (graphê), termo que ocorre cinquenta e uma vezes no Novo Testamento e que se refere às Escrituras do Antigo Testamento em todas essas passagens. Assim, a palavra Escritura era um termo técnico para os autores do Novo Testamento e usada somente para designar aqueles escritos encarados como palavras de Deus e, por conseguinte, como parte do cânon das Escrituras. Mas nesse versículo, Pedro classifica os escritos de Paulo ao lado das "demais Escrituras" (ou seja, as Escrituras do Antigo Testamento). Pedro considera, portanto, os escritos de Paulo também dignos do título "Escritura" e, por conseguinte, de serem incluídos no cânon.

Entretanto, esse processo não foi tão simples e rápido. Brunelli (2016, p.193) lembra-nos que nem todos os livros que compõem o Cânon do Novo Testamento hoje foram aceitos de imediato pela igreja primitiva. Segundo o autor,

> Inicialmente, apenas 20 dos 27 foram pronta e universalmente aceitos como genuínos, portanto, inspirados por Deus. Essa aceitação, unânime, foi chamada de homolegoumena (reconhecido). Esses 20 livros eram os 4 Evangelhos, Atos, as epístolas de Paulo, 1 João e 1 Pedro. Os outros 7 livros: Hebreus, 2 e 3 João, 2 Pedro, Judas, Tiago e Apocalipse foram debatidos por certo tempo, por algumas igrejas, e foram classificados como antilegoumena (em disputa). O impasse concernente aos livros chamados antilegoumena não estava no campo da canonicidade dos escritos, mas no campo da autografia.

Devido ao surgimento de diversas "heresias" no seio do cristianismo primitivo, o processo de canonização levou um pouco mais de tempo, uma vez que o processo de escolha e afirmação de credibilidade dos textos deveria ser bem rigoroso. O primeiro Cânon do Novo Testamento com os 27 livros é datado do ano 367 d.C. na trigésima nona carta pascal de Atanásio, e, foi oficialmente reconhecido no Concílio de Cartago, Norte da África, em 397 d.C., e pela Igreja Oriental, em 500 d.C. (HIGGINS, 2020).

Diante de todo esse processo, o principal protagonista é o Espírito Santo de Deus. Andrade (2015, p.28) afirma que a Bíblia "não é inspirada porque os doutores da igreja assim a chancelaram; eles a sancionaram como tal porque ela é, de fato, a inspirada Palavra de Deus". Higgins (2020) sublinha que,

> cânon da Bíblia não foi, porém, a decisão dos escritores, nem dos líderes religiosos, nem de um concílio eclesiástico. Pelo contrário: o processo da aceitação desses livros como Escritura deu-se mediante a influência providencial do Espírito Santo sobre o povo de Deus. O cânon foi formado por um consenso, e não por um decreto. A Igreja não resolveu quais livros deveriam estar no cânon sagrado, mas limitou-se a confirmar aqueles que o povo de Deus já reconhecia como a sua Palavra. Fica claro que a Igreja não era a autoridade; mas percebia a autoridade na Palavra inspirada.

Assim, o papel dos Pais da Igreja e da Igreja primitiva não foi atribuir autoridade aos textos, mas apenas reconhecer sua autoridade, de reconhecer a característica de autoria divina dos escritos que já possuíam tal qualidade, porque o critério primário de canonicidade é a autoria divina, não a aprovação humana ou eclesiástica (GRUDEM, 2012).

Questão para Reflexão
Reflita sobre a importância do processo de formação do Cânon das Escrituras para a ortodoxia cristã.

CAPÍTULO 2

A Inspiração das Escrituras

Como atestado anteriormente, para um livro ser considerado canônico deveria ser compreendido como inspirado por Deus. Os Apóstolos, segundo essa concepção, escreveram inspirados pelo Espírito Santo de Deus. Em 2Pe 1,21, está escrito: "Porque a profecia nunca foi produzida por vontade de homem algum, mas os homens santos de Deus falaram inspirados pelo Espírito Santo". A palavra "movidos", atesta Brunelli (2016), vem do grego φερόμενοι (pheromenoi), da raiz φέρος (phéros), que significa "gerado" ou "conduzido". Dessa forma podemos afirmar que,

> O Espírito Santo gerou o conteúdo a ser escrito e conduziu com o Seu sopro cada escritor no momento em que o estava produzindo, ou seja, a vontade humana dos autores não deu origem à mensagem de Deus. Deus não permitiria que a vontade de um homem pecador registrasse erroneamente a Sua Palavra (BRUNELLI, 2016, p.242).

Os agentes de Deus tinham a consciência que estavam escrevendo em nome de Deus, e que suas palavras eram palavras de Deus com autoridade absoluta. Higgins (2020), aponta que em várias passagens do Antigo Testamento nos deparamos com a expressão, "Assim diz o

Senhor", que

> cada um deles, seja Moisés, Davi, Jeremias, Mateus, João, Pedro, ou Paulo, escreveu com base em suas próprias experiências à medida que Deus se revelava a eles (Êx 4.1-17; Sl 32; Jr 12; At 1.1-3; 1 Co 15.6-8; 2 Co 1.3-11; 2 Pe 1.14-18). Mas seus escritos eram mais que relatos de pessoas envolvidas. Declaravam que escreviam não somente a respeito de Deus, mas também em prol de Deus. A sua palavra era a Palavra de Deus; a sua mensagem era a mensagem de Deus.

Os escritores do Novo Testamento estavam convictos de seus ensinamentos e mandamento de Cristo eram segundo o Espírito Santo (At 20,27), e reconheciam a autoridade das escrituras do Antigo Testamento, movida pelo mesmo processo espiritual (At 4,24-25; Hb 3,7; 10,15,16). O valor das escrituras, como sublinhado por Paulo a Timóteo (2Tm 3,15), deriva-se de sua origem. Higgins (2020), ao tratar do texto chave para compreender o conceito de inspiração a partir do Novo Testamento, a saber, 2Tm 3,16, *"Toda Escritura é inspirada por Deus"*, aponta que,

> O termo "inspiração" é derivado desse versículo, e aplicado à escrita da Bíblia. A palavra grega empregada aqui é theopneustos que, literalmente, significa "soprada por Deus". As versões mais recentes dizem com razão: "Toda Escritura é inspirada [soprada] por Deus" (NVI). Paulo não está dizendo que Deus soprou alguma característica divina nos escritos humanos das Escrituras, ou que toda a Escritura respira um ambiente de Deus, que fala dEle. O adjetivo grego (theopneustos) é claramente predicativo, e é usado para identificar a fonte originária de todas as Escrituras. Deus é o Autor, em última análise. Logo, toda a Escritura é a voz de Deus, a Palavra de Deus (At 4.25; Hb 1.5-13).

Nesse sentido, em virtude de sua inspiração pelo Espírito Santo, toda a Escritura é fonte de autoridade. Foi Deus quem falou cada palavra tanto do Antigo, como do Novo Testamento usando agentes humanos "movidos pelo Espírito Santo" nesse processo.

2.1 Modos de Inspiração

Diante da afirmação da autoridade das Escrituras como Palavra de Deus inspirada, e a atuação divina e humana no processo, surgiu a necessidade de definir o modo e a forma de inspiração. Uma vez que a Bíblia não revela a forma de inspiração, algumas teorias têm surgido a respeito.

Higgins (2020) resume cinco opiniões em sua abordagem do assunto, a saber: Intuição natural, Iluminação especial, Orientação dinâmica, Plenária e verbal e Ditado Divino.

MODO	RESUMO
INTUIÇÃO NATURAL	A inspiração é meramente uma perspicácia natural nos assuntos espirituais, exercida por pessoas bem-dotadas. Assim como alguns têm aptidão para a matemática ou para a ciência, os escritores bíblicos teriam aptidão para as ideias religiosas. Não se vê nisso qualquer envolvimento especial de Deus. A pessoa poderia ter a mesma inspiração natural para escrever uma poesia ou para compor um hino.
ILUMINAÇÃO ESPECIAL	A inspiração seria uma intensificação, ou exaltação, divina das percepções religiosas que todos os cristãos têm em comum. Os dons naturais dos escritores bíblicos teriam sido aguçados de alguma maneira pelo Espírito Santo, mas sem nenhuma orientação especial, ou comunicação da verdade divina.

ORIENTAÇÃO DINÂMICA	A inspiração é a orientação especial pelo Espírito Santo, dada aos escritores bíblicos, para garantir toda mensagem divina que trata de matérias concernentes à fé religiosa e ao viver piedoso. A ênfase recai nos pensamentos ou conceitos que Deus, querendo fossem comunicados, fornecia aos escritores humanos, aos quais dava plena liberdade quanto à expressão natural. Os elementos da fé e da prática religiosas eram assim orientados, mas as chamadas matérias não-essenciais dependiam totalmente (segundo essa opinião) dos conhecimentos, experiências, e escolhas dos próprios autores humanos.
PLENÁRIA E VERBAL	A inspiração é a combinação entre a expressão natural dos escritores e a iniciação e orientação especiais dos seus escritos concedidas pelo Espírito Santo. Mas o Espírito Santo não somente dirigia os pensamentos, ou conceitos dos escritores, como também supervisionava a seleção das palavras para a totalidade do texto (e não somente para as questões de fé e prática). O Espírito Santo garantia a exatidão e a suficiência de tudo quanto era escrito como a revelação da parte de Deus.

DITADO DIVINO	A inspiração é a superintendência infalível da reprodução mecânica das palavras divinas à medida que o Espírito Santo as ditava aos autores bíblicos. Estes, como obedientes estenógrafos, tudo registravam segundo as ordens especiais do Espírito Santo quanto ao conteúdo, vocabulário e estilo.

Há um consenso entre os protestantes evangélicos que dentre as propostas citadas acima, o melhor modo de compreender a inspiração das Escrituras, levando em consideração tanto o ato de inspirar como os efeitos desse ato, além de reservar um lugar apropriado à atividade divina e à atividade humana no processo, é o conceito de Inspiração Verbal e Plenária (HIGGINS, 2020; ANDRADE, 2015; BRUNELLI, 2016; GRUDEM, 2012).

Para Higgins (2020), o conceito "evita os exageros de se enfatizar a atividade de Deus a ponto de negligenciar a participação humana, ou de enfatizar a contribuição humana a ponto de desprezar o envolvimento divino na produção das Escrituras". A inspiração verbal e plenária das Escrituras pavimenta o caminho para a defesa da infalibilidade das Escrituras Sagradas.

2.2 A Inerrância Bíblica

Por inerrância das Escrituras entende-se que as Escrituras não afirmam nada contrário aos fatos (GRUDEM, 2012). Ela é inerrante tanto em seus aspectos informativos, como nos propósitos e reivindicações que apresenta.

Não há espaço para meia inerrância, como atesta Andrade (2015), ou ela é a inerrante Palavra de Deus ou é a errante e falível palavra do homem. Higgins (2020) atesta que há uma espécie de unanimidade entre teólogos católicos, os reformadores protestantes, os evangélicos da atualidade (e, portanto, os pentecostais "clássicos"), que a Bíblia é inteiramente "a verdade; nenhuma falsidade ou mentira lhe pode ser atribuída".

É importante sublinhar que a inerrância reconhece inconsistência no texto, não como erros, mas como dificuldades de compreensão que podem ser acessados por meio ferramentas exegéticas e hermenêuticas, bem como, por meio da arqueologia. Com o intuito de esclarecer tal aspecto das Escrituras, Higgins (2020) nos oferece uma série de declarações que demonstra a ampla aceitação da comunidade evangélica quanto ao conceito de inerrância das Escrituras:

> 1. A verdade de Deus é expressa com exatidão, e sem quaisquer erros, nas próprias palavras da Escritura ao serem usadas na construção de frases inteligíveis.
> 2. A verdade de Deus é expressa com exatidão através de todas as palavras da totalidade da Escritura, e não meramente através das palavras de conteúdo religioso ou teológico.
> 3. A verdade de Deus é expressa de modo inerrante somente nos autógrafos (escritos originais), e de modo indireto, nos apógrafos (cópias dos escritos originais).
> 4. A inerrância dá lugar à "linguagem de aparência", aproximações e várias descrições não-contraditórias, feitas a partir de perspectivas diferentes. (Por exemplo, dizer que o sol se levanta não é um erro, mas uma descrição perceptiva e reconhecida).
> 5. A inerrância reconhece o uso de linguagem simbólica e figurada, e uma variedade de formas literárias para se transmitir a verdade.
> 6. A inerrância entende que as citações no Novo Testamento de declarações do Antigo Testamento podem ser paráfrases, sem a intenção de serem traduções literais.
> 7. A inerrância considera válidos os métodos culturais e históricos de se relatar coisas tais como genealogias, medidas e estatísticas ao invés de exigir os métodos de precisão da moderna tecnologia.

2.3 Clareza, Necessidade e Suficiência das Escrituras

A Bíblia frequentemente afirma sua clareza e simplicidade cristalina. Não é destinada apenas aos estudiosos, que aplicam ferramentas exegéticas e de análises modernas para compreender seu significado. O propósito da Bíblia Sagrada é compartilhar o projeto redentor de Deus à humanidade, dos mais simples aos mais intelectuais.

Nas Sagradas Escrituras, nos deparamos com muitos testemunhos acerca de sua clareza. No Salmo 19, lemos: *"A lei do Senhor é perfeita e refrigera a alma; o testemunho do Senhor é fiel e da sabedoria aos símplices"* (Sl 19.7). Contudo, a própria Bíblia indica a necessidade de cultivo de qualidades morais e espirituais necessárias para a correta compreensão da mesma, uma vez que as Escrituras versam sobre coisas espirituais: *"Ora, o homem natural não aceita as coisas do Espírito de Deus, porque lhe são loucura; e não pode entendê-las, porque elas se discernem espiritualmente"* (1Co 2.14).

A Bíblia é necessária para conhecer o Evangelho, o projeto redentor de Deus para a humanidade. É nela que Deus revela progressivamente o processo e o meio de salvação, assim, ler a Bíblia é necessário para alcançar uma fé *salvadora* e as promessas de Deus contidas nela.

A Bíblia é necessária, também, para sustentar a fé espiritual, o alimento para a alma. A Palavra de Deus é de suma importância para a vida do crente, uma vez que *"esta palavra não é para vós outros coisa vã; antes, é a vossa vida; e, por esta mesma palavra, prolongareis os dias na terra à qual, passando o Jordão, ides para a possuir"* (Dt 32.47). É por intermédio dela que o crente cresce e é aperfeiçoado na fé, pois adquire um conhecimento seguro da vontade de Deus.

A Bíblia é o suficiente para conhecermos o que Deus quer que pensemos e façamos. A Palavra de Deus é suficiente para instruir, capacitar e habilitar todos os cristãos para "toda obra" (2Tm 3,16-17). Diante da excelência de suas qualidades, ela é suficiente em si mesma, não necessita de quaisquer acréscimos, pois,

> contém todas as palavras divinas que Deus quis dar ao seu povo em cada estágio da história da redenção e que hoje contém todas as palavras de Deus de que precisamos para a salvação, para que, de maneira perfeita, nele possamos confiar e a ele obedecer (GRUDEM, 2012, p.86).

Questão para Reflexão

Pense sobre como a Bíblia é primordial tanto para a edificação do crente hoje, bem como o meio pelo qual tomamos conhecimento da fé salvadora em Cristo Jesus.

CAPÍTULO 3

A Existência de Deus

Teontologia é o estudo acerca do ser de Deus. É considerada pela teologia como o ponto de partida que norteia toda a discussão e ensino teológico. Esequias Soares (2015, p.53), sublinha que "a Doutrina de Deus é, pois, o principal assunto da Teologia Sistemática ou de qualquer sistema teológico. Seu estudo, portanto, é fundamental para uma compreensão de Deus e como ele se revela à humanidade".

Antes de esboçarmos uma busca pela compreensão e conhecimento de Deus, precisamos sublinhar que jamais conseguiremos conhecer Deus em Sua plenitude. Podemos compreender a Deus na medida em que Ele se deixou conhecer, ou seja, Deus em sua infinita bondade nos deu acesso limitado acerca de seu ser, portanto, Deus pode ser compreendido, mas não plena e exaustivamente. O salmo 145,3 diz: *"Grande é o Senhor e mui digno de ser louvado; a sua grandeza, é insondável"* (Sl 145.3).

Wayne Grudem (2012, p.102) fala de uma doutrina da incompreensibilidade de Deus, não no sentido de que Deus não pode ser compreendido, mas como uma ideia da incapacidade do ser humano, finito, conhecer "demais" a Deus. De acordo com ele, "jamais nos faltarão coisas para aprender sobre Ele, e assim nunca nos cansaremos de nos deleitar com a descoberta de mais e mais coisas da sua excelência e grandeza das suas obras".

Assim, nossa tarefa como estudantes não é de sondar a Deus,

perscrutá-lo, mas, nos submeter à revelação de sua Palavra, onde estão contidos os mais diversos e importantes dados que Ele mesmo permitiu revelar à humanidade.

A pergunta acerca da existência de Deus não é um tema da revelação divina. Não encontraremos, em nenhuma parte das Escrituras, uma objeção acerca da existência de Deus. Tentar, portanto, provar a existência de Deus seria, aponta Brunelli (2016, p.300), uma tarefa inútil, "e tão desnecessária quanto a de quem tenta negá-la".

Soares (2015) propõe alguns argumentos que confirmam a existência de Deus, a saber, argumento Cosmológico, Teleológico, Ontológico, Moral ou Antropológico e Testemunho da Natureza. Grudem (2012, p.99) classifica esses argumentos como "provas" tradicionais da existência de Deus, e sintetiza cada uma delas da seguinte forma:

> 1. **O argumento cosmológico** considera o fato de que toda coisa conhecida do universo tem uma causa. Portanto, arrazoa o argumento, o próprio universo deve também necessariamente ter uma causa, e a causa de universo tão grandioso só pode ser Deus.
> 2. **O argumento teleológico** é, na verdade, uma subcategoria do argumento cosmológico. Concentra-se na evidência da harmonia, da ordem e do planejamento no universo, e argumenta que esse planejamento dá provas de um propósito inteligente (a palavra grega telos significa "fim", "meta" ou "propósito"). Como o universo parece ter sido planejado com um propósito, deve necessariamente existir um Deus inteligente e determinado que o criou para funcionar assim.
> 3. **O argumento ontológico** ideia de Deus, definido como um ser "maior do que qualquer coisa que se possa imaginar". Depois arrazoa que a característica da existência deve pertencer a tal ser, pois maior é existir que não existir.
> 4. **O argumento moral** parte do senso humano do certo e do errado, e da necessidade da imposição da justiça, e raciocina que deve necessariamente existir um Deus que seja a fonte do certo e do errado e que vá algum dia impor a justiça a todas as pessoas.

Wayne Grudem (2012), entretanto, classifica a evidência da Natureza juntamente com as Escrituras como principais, uma vez que várias passagens das Escrituras sugerem que a natureza testemunha e *"proclamam a glória de Deus"* (Sl 19,1-2). O autor também inclui a "intuição" íntima contida em todas as pessoas, no processo de reconhecimento da existência de Deus, bem como em sua negação.

Mesmo diante de tais provas, o que se apresenta como argumento irrefutável é a própria palavra de Deus, não apenas como atestado de existência, mas como ponto nevrálgico de tudo que sabemos d'Ele, na medida em que se revelou à humanidade.

3.1 O Conhecimento de Deus

O quanto podemos conhecer de Deus? Será que realmente podemos conhecer a Deus? São perguntas fundamentais para compreensão do conceito de Cognoscibilidade de Deus.

Deus, em sua Palavra, exorta o ser humano a conhecer ao seu Senhor: *"Conheçamos e prossigamos em conhecer ao Senhor; como a alva, a sua vinda é certa; e ele descerá sobre nós como a chuva, como chuva serôdia que rega a terra"* (Os 6,3). Mas, o que significa esse conhecimento?

Podemos conhecer a Deus mediante sua revelação. Através da revelação geral, o homem não conhece Deus verdadeiramente, é como se a imagem refletida no espelho estivesse deformada, há a consciência de sua existência, mas não há a compreensão do propósito estabelecido por Ele para a humanidade. Portanto, necessitamos das Escrituras para compreendermos, tanto a revelação natural, quanto para alcançarmos o verdadeiro conhecimento de Deus.

Contudo, Deus é tanto incognoscível como cognoscível. De acordo com Soares (2015), a incognoscibilidade de Deus advém de seus atributos incomunicáveis – como por exemplo, a infinitude e imensidão. Entretanto,

> Deus revelou-se a si mesmo na Bíblia, mas pode ser considerado incognoscível quando se trata do conhecimento pleno do seu Ser e de sua essência. Como Ele é infinitamente incomparável, o homem jamais poderá esquadrinhá-lo e compreendê-lo como é, em essência e glória (SOARES, 2015, p.61).

Em contrapartida, esse mesmo Deus incompreensível em sua plenitude pela natureza e razão humana, se revela. Assim, o homem pode conhecê-lo a partir de sua autorrevelação nas Escrituras e em Cristo Jesus.

Nesse sentido, não há como concordar com uma hipótese que afaste Deus de sua criação, de um relacionamento pessoal com a humanidade. Nas narrativas do Antigo Testamento, bem como nas narrativas do Novo Testamento, Deus se revela como um Deus pessoal, transcendente e imanente. Ele age, galardoa e castiga, sente, ama, pensa e raciocina, adverte, julga e se comunica com sua criação. Ele é autoconsciente e autodeterminante.

Questão para Reflexão

Reflita sobre os principais desafios enfrentados para a plena compreensão da existência de Deus.

CAPÍTULO 4

Os Atributos de Deus

Os atributos são propriedades ou qualidades, virtudes ou perfeições próprias de um ser. Quando aplicado à Deus, podemos definir como, "uma linguagem humana, técnica e didática usada na sistematização dos estudos que nos propiciam o aprofundamento e o aprimoramento no conhecimento que podemos ter do caráter de Deus por meio das Escrituras Sagradas" (BRUNELLI, 2016, p.355).

Ou seja, são características e ou qualidades essenciais que apontam para quem Ele é. É bom lembrar que, o intuito de "classificar" tais qualidades de Deus não opera no objetivo de limitar Deus a tais taxonomias, mas visa apenas à clareza, ainda que limitada, das qualidades essenciais de Deus presentes nas Escrituras.

Quanto à classificação dos atributos, geralmente, são distinguidos em dois grupos, nos diversos tratados teológicos: os atributos incomunicáveis e, os comunicáveis. Por atributos incomunicáveis são compreendidos, segundo Soares (2015, p.65), "aqueles atributos exclusivos da divindade ou deidade, como infinitude, imensidão, eternidade, transcendência etc. São os atributos incomunicáveis, chamados de atributos naturais, absolutos ou, ainda, de imanentes (ou intransitivos)". E, por comunicáveis, aqueles que "encontram alguma ressonância nos seres humanos", transmitidos, ainda que em grau infinitamente inferior, à humanidade, como justiça, bondade, amor etc. São conhecidos como atributos comunicáveis, porém, há outros nomes para eles, como atributos morais, relativos, ou, ainda, imanentes (ou transitivos).

4.1 Os Atributos incomunicáveis de Deus

Nos diversos manuais de Teologia Sistemática é possível encontrar uma lista variável com respeito aos atributos incomunicáveis de Deus, contudo, alguns atributos são identificados e constam em todas as principais obras encontradas sobre a temática, a saber: Onipotência, Onipresença, Onisciência, Eternidade e Imutabilidade.

4.1.1 Onipotência

O termo deriva de dois vocábulos latinos, *omni* (todo) e *potentia* (poder). Aponta, portanto, que Deus tem todo o poder, que É Todo-poderoso, que não há nada que não possa realizar. A Bíblia evidencia a onipotência de Deus em diversas passagens da Bíblia, em especial quando chama Deus de El Shaddai (hb.) ou Pantocrator (gr.).

> Ah! Senhor Jeová! Eis que tu fizeste os céus e a terra com o teu grande poder e com o teu braço estendido; não te é maravilhosa demais coisa alguma (Jr 32.17).
> Mas o nosso Deus está nos céus e faz tudo o que lhe apraz (Sl 115.3).
> Aquele que habita no esconderijo do Altíssimo, a sombra do Onipotente descansara (Sl 91.1).
> "Tudo o que o Senhor quis, ele o fez, nos céus e na terra, nos mares e em todos os abismos" (Sl 135.6).

4.1.2 Onipresença

O termo deriva de dois vocábulos latinos, *omni* (tudo) e *praesentia*, (presença). Como atributo divino, a onipresença demonstra que Deus não está limitado ao espaço, mas, como atesta Grudem (2012, p.121), "Deus não tem tamanho nem dimensões espaciais e está presente em cada ponto do espaço com todo o seu ser; ele, porém, age de modos diversos em lugares diferentes". *"Acaso, sou Deus apenas de perto, diz o Senhor, e não também de longe? Ocultar-se-ia alguém em esconderijos, de modo que eu não o veja? — diz o Senhor; porventura, não encho eu os céus e a terra? - diz o Senhor"* (Jr 23.23-24).

4.1.3 Onisciência

A palavra "onisciência" vem do latim *omniscientia — omni*, (tudo); e *scientia*, (conhecimento, ciência). É o atributo divino que descreve o conhecimento absoluto de Deus acerca de tudo e de todos os acontecimentos, tanto presentes como futuros. A *presciência*, ou seja, o conhecimento antecipado dos fatos e acontecimentos, é um desdobramento da onisciência divina. Apontamos, assim, para o caráter atemporal da onisciência, Deus conhece o presente, o passado e o futuro, como sublinha Brunelli (2016), para Deus, não há essa dependência do que vem antes e do que vem depois, para saber, de fato, o que elas são.

> Que anuncio o fim desde o princípio e, desde a antiguidade, as coisas que ainda não sucederam; que digo: o meu conselho será firme, e farei toda a minha vontade (Is 46.10). (...) Chama à existência as coisas que não são (Rm 4.17*b*).
> Diz o Senhor, que faz estas coisas conhecidas desde séculos (At 15.17,18).

4.1.4 Eternidade

Este atributo expressa a ideia de que Deus não tem princípio nem fim, e não está condicionado ao tempo, pois, é o autor do tempo: existe desde "antes dos tempos dos séculos" (Tt 1.2). As categorias do tempo (passado, presente e futuro) não condicionam seu conhecimento e agir, pois, compreende tudo como uma espécie de realismo (GRUDEM, 2012).

No entanto, percebe os acontecimentos no tempo e da mesma maneira age através do tempo.

> O Deus eterno te seja por habitação, e por baixo de Ti estejam os braços eternos; e ele lance o inimigo de diante de ti e diga: Destrói-o Dt 33.27).
> Antes que os montes nascessem, ou que tu formasses a terra e o mundo, sim, de eternidade a eternidade, tu és Deus (Sl 90.2).
> Não sabes, não ouviste que o eterno Deus, o SENHOR, o Criador dos confins da terra, nem se cansa, nem se fatiga? Não há esquadrinhação do seu entendimento (Is 40.28).
> Que eu sou Deus, e não há outro, eu sou Deus, e não há outro semelhante a mim, que desde o princípio anuncio o que há de acontecer e desde a antiguidade, as coisas que ainda não sucederam que digo: o meu conselho

permanecerá de pé, farei toda a minha vontade (Is 46.9-10).

4.1.5 Imutabilidade

Deus é imutável. Se podemos afirmar que tudo que existe passa por transformação e mudança, não podemos afirmar isso em relação a Deus. Segundo Grudem (2012, p.109), Deus é "imutável no seu ser, nas suas perfeições, nos seus propósitos e nas suas promessas; porém, Deus age e sente emoções, e age e sente de modos diversos diante de situações diferentes".

> *Em tempos remotos, lançaste os fundamentos da terra; e os céus são obra das tuas mãos. Eles perecerão, mas tu permaneces; todos eles envelhecerão como uma veste, como roupa os mudarás, e serão mudados. Tu, porém, és sempre o mesmo, e os teus anos jamais terão fim (Sl 102.25-27).*

> *Toda boa dádiva e todo dom perfeito vêm do alto, descendo do Pai das luzes, em quem não há mudança, nem sombra de variação" (Tg 1.17).*

Os atributos incomunicáveis de Deus não podem ser compreendidos como uma fragmentação de Deus. Deus não está dividido em diversas partes, e os atributos não são apenas algumas partes de Deus, mas

> todo o ser divino compreende a totalidade dos seus atributos: ele é inteiramente amoroso, inteiramente misericordioso, inteiramente justo, e assim por diante. Cada atributo de Deus que encontramos nas Escrituras é verdadeiro com respeito a todo o ser divino, e, portanto, podemos dizer que cada atributo de Deus também qualifica cada um dos outros atributos (GRUDEM, 2012, p.126).

4.2 Os Atributos comunicáveis de Deus

Como atestado anteriormente, os atributos comunicáveis de Deus são os atributos que, em certa medida, são compartilhados com a humanidade. Da mesma forma que há uma grande variedade na classificação desses atributos por parte dos teólogos sistemáticos, abordaremos apenas aqueles que são destacados pela maioria deles.

Dentre os diversos atributos de Deus[1], destacaremos os classificados como "Morais".

4.2.1 Santidade
Deus é Santo em sua essência e natureza. Dizer que Deus é Santo é afirmar que Deus está separado do pecado e é singular em sua majestade e pureza (Cf. Êx 15,11; Lv 19,2; 1Sm 2,2).

4.2.2 Fidelidade
Diz respeito a veracidade de Deus. Deus é verdadeiro em todo o seu conhecimento e em suas palavras, que cumpre o que promete. Indica, também, que o Deus revelado nas Escrituras é verdadeiro (Cf. Jr 10,10-11; Dt 32,4; Nm 23,19; Hb 6,18).

4.2.3 Amor
Esse atributo é o tema central da Bíblia, afirma Soares (2015). Em Cristo, Deus revela à humanidade sua essência, e ela é amor (1Jo 4,8). Dizer que Deus possui amor é falar de doação, faz parte da natureza de Deus doar-se. Esse amor é de eternidade a eternidade (Jo 17,24), e reverbera na sua criação: *"nós o amamos porque ele nos amou primeiro"* (I Jo 4.19).

4.2.4 Bondade
A bondade, assim como o amor, é uma demonstração da benevolência e doação de Deus a todos, e está ligada a outras características de sua natureza, tais como misericórdia, paciência e graça. Ele é a fonte de todo bem (Cf. Sl 106,1; Sl 34,8; Gn 1,31; Tg 1,17).

4.2.5 Justiça
Esse atributo pode ser compreendido como retidão. Indica que Deus sempre age em conformidade com o que é justo e reto, contudo, o parâmetro de justiça é Ele mesmo, sua vontade (Cf. Dt 32,4; Sl 19,8; Is 45,21).

Questão para Reflexão
Reflita sobre os principais desafios enfrentados para a plena compreensão dos atributos incomunicáveis de Deus.

---

1 Para uma lista mais completa ver: GRUDEM, Wayne. **Teologia Sistemática**. São Paulo: Vida Nova, 2012, p.132-170.

CAPÍTULO 5

Doutrina da Trindade

A doutrina da Trindade afirma que Deus subsiste em três pessoas, porém, é um só Deus. "Deus existe eternamente como três pessoas, - Pai, Filho e Espírito Santo – e cada pessoa é plenamente Deus, e existe só um Deus" (GRUDEM, 2012, p.165). Essa afirmação não consegue, de certa forma, considerar o mistério que é a doutrina da Trindade. Contudo, a partir das Escrituras, podemos identificar a ideia de um Deus unido em três pessoas. Poderíamos resumir a doutrina da Trindade em três afirmações baseadas no exame das Escrituras, como sugere Grudem (2012, p.169): "1. Deus é três pessoas. 2. Cada pessoa é plenamente Deus. 3. Há só um Deus".

5.1 As principais controvérsias

Entretanto, nem todos concordaram e aceitaram a doutrina da Trindade, como pode ser observado nas diversas controvérsias durante os primeiros anos da história da Igreja.

A palavra "Trindade" não é encontrada na Bíblia, tem sua origem em Tertuliano (155-222 d.C), um dos principais apologistas cristãos. Além do termo *"Trinitas"*, ele também desenvolve outros termos que são fundamentais para a compreensão da doutrina da Trindade. O primeiro dele é *"persona"*. O termo, segundo Alister McGrath (2005, p.375), significa literalmente 'uma máscara' como a que era usada por um ator em uma tragédia grega. Naquela época, os atores usavam máscaras para permitir que a audiência entendesse qual dos distintos personagens da peça eles estavam interpretando. Por essa razão, o termo persona adquiriu um novo significado que tinha relação com "o papel que alguém representava.

O outro termo cunhado por Tertuliano foi *"Substantia"*. Esse termo foi utilizado por ele para "expressar a ideia da existência de uma unidade fundamental na Trindade, apesar da complexidade inerente à revelação de Deus na história. A "substância" é o que as três pessoas da Trindade têm em comum" (McGRATH, 2005, p.376).

A discussão acerca da Trindade se estende até o Concílio de Niceia (325 d.C), cuja preocupação principal era discutir acerca da divindade de Cristo, e é retomada no Concílio de Constantinopla (381 d.C), cuja discussão central foi a divindade do Espírito Santo. Dessa forma chegou-se a um acordo acerca da divindade e sua relação entre o Pai, o Filho e o Espírito, como pode ser sintetizado por Grudem (2012, p.169), "fato de ser Deus três pessoas significa que o Pai não é o Filho; são pessoas distintas. Significa também que o Pai não é o Espírito Santo, mas são pessoas distintas. E significa que o Filho não é o Espírito Santo".

Embora houvesse um acordo acerca da divindade do Pai, do Filho e do Espírito Santo, restava desenvolver modelos que permitissem a compreensão da relação entre as três pessoas da trindade. Nesse ínterim surgiram muitos grupos conhecidos como "antitrinitarianistas", pois negavam, com suas visões unipessoais de Deus, a doutrina da Trindade.

5.2 Os grupos antitrinitarianistas

Um desses movimentos é conhecido como monarquianismo. Os monarquianistas (nomeados assim por Tertuliano) dividiam-se em dois grupos, a saber, os dinâmicos e os modalistas (SOARES, 2015). Os monarquianistas dinâmicos representavam a ideia de que Jesus era apenas um homem de vida santa, que teria recebido o Espírito Santo por ocasião de seu batismo; foi adotado por Deus (por isso são conhecidos também como adocionistas), e que, em certo sentido, havia se tornado divino, através de sua ressurreição. Seus principais representantes foram Teodoro de Bizâncio e Paulo de Samosata, cujas ideias foram rejeitadas e os seus expoentes excomungados, em meados do terceiro século

(SOARES, 2015; GRUDEM, 2012)

O monarquianismo modalista não negava a divindade de Jesus Cristo nem do Espírito Santo, entretanto, em oposição aos ensinos bíblicos, negavam a distinção das pessoas da Trindade. Brunelli (2016) aponta que eles "acreditavam que o Pai nasceu e sofreu e que Jesus era o Pai. Essa crença deu a eles o nome de patripassianos (*Pater*, do latim, "Pai", e *passus*, "sofrer"). O Pai encarnou no Filho e sofreu com Ele". Eles são conhecidos, também, como sabelianos (devido seu principal líder e expoente dessa ideia ser Sabélio, que viveu em Roma no séc. III d.C) ou unicistas. Em suma,

> usam o nome de Jesus para se referir tanto ao Filho quanto ao Pai e ao Espírito Santo. Batizam em nome de Jesus alegando que Pai não é nome, Filho não é nome e Espírito Santo não é nome. Jesus é o Pai, Jesus é o Filho e Jesus é o Espírito Santo (BRUNELLI, 2016, p.391).

Assim, é importante ressaltar que a doutrina da Trindade não considera a inferioridade do Filho e do Espírito Santo em relação ao Pai. As três pessoas são igualmente eternas, e não são três deuses, tampouco modos diferentes do mesmo Deus. O chamado "Credo Atanasiano" resume, de forma precisa, a doutrina da Trindade, como compreendida pela ortodoxia cristã:

> A fé universal é esta: que adoremos um Deus em trindade, e trindade em unidade; Não confundimos as Pessoas, nem separamos a substância. Pois existe uma única Pessoa do Pai, outra do Filho, e outra do Espírito Santo. Mas a deidade do Pai, do Filho e do Espírito Santo é toda uma só: glória é igual e a majestade é coeterna. Tal como é o Pai, tal é o Filho e tal é o Espírito Santo. O Pai é não criado, o Filho é não criado, e o Espírito Santo é não criado. O Pai é eterno, Filho é eterno, O Espírito Santo é eterno. E, no entanto, não são três eternos, mas há apenas um eterno. Da mesma forma não há três não criados, nem três imensuráveis, mas um só não criado e um imensurável. Assim, o Pai é Deus, o Filho é Deus, e o Espírito Santo é Deus. No entanto, não há três Deuses, mas um Deus. Assim como a veracidade cristã nos obriga a confessar cada Pessoa individualmente como

sendo Deus e Senhor; assim também ficamos privados de dizer que haja três Deuses ou Senhores. E nessa trindade não existe primeiro nem último; maior nem menor. Mas as três Pessoas são coeternas, são iguais entre si mesmas; de sorte que por meio de todas, como acima foi dito, tanto a unidade na trindade como a trindade na unidade devem ser adoradas.

5.3 A doutrina da Trindade e as Escrituras

A doutrina da Trindade é uma doutrina baseada nas Escrituras. Há várias passagens no Antigo Testamento, bem como no Novo Testamento, que sustentam a concepção trinitária de Deus. O Pai é Deus (Is 63,16; Ef 4,6), o Filho é Deus (Jo 1,1; Cl 2,9), e o Espírito Santo é Deus (At 5,4; 1Co 12,4-6). A distinção entre as pessoas pode ser amplamente verificada na Bíblia[2], em especial, no momento do Batismo de Jesus: *"eis que se lhe abriram os céus, e viu o Espírito de Deus descendo como pomba, vindo sobre ele. E eis uma voz dos céus, que dizia: Este é o meu Filho amado, em quem me comprazo"* (Mt 3.16-17). Temos, assim,

> ao mesmo tempo, os três membros da Trindade realizando três ações distintas. Deus Pai fala de lá do céu; Deus Filho é batizado e depois ouve a voz de Deus Pai vinda do céu; e o Espírito Santo desce do céu para pousar sobre Jesus e dar-lhe poder para o seu ministério (GRUDEM, 2012, p.168).

É preciso, entretanto, reconhecer que a doutrina da Trindade continua sendo um mistério que não compreendemos por completo, e devemos seguir o conselho de Louis Berkhof (1949, p.79):

> A Trindade é um mistério [...] o homem não pode compreendê-la nem torná-la inteligível. É inteligível em algumas das suas relações e modos de manifestação, mas ininteligível na sua natureza essencial. [...] A verdadeira dificuldade reside na relação que as pessoas da Divindade têm com a essência divina e umas com as outras; e essa é uma dificuldade que a igreja não pode dirimir, mas tenta apenas reduzir às suas devidas proporções pela definição correta dos termos.

---

2 Cf. Gn 1,26; Gn 3,22; Gn 11,7; Mt 28,19; 2 Co 13,13; 1Pe 1,2.

Ela jamais tentou explicar o mistério da Trindade, mas só buscou formular a doutrina da Trindade de maneira tal que os erros que a ameaçavam fossem afastados.

Questão para Reflexão

Reflita sobre como a doutrina da Trindade é, ao mesmo tempo, uma verdade bíblica, mas um mistério no que diz respeito à sua natureza.

UNIDADE II

A Doutrina de Cristo e dos Anjos

Cristologia (gr. Χριστός, ungido, messias e λογια, estudo) é a área da teologia cristã que se ocupa do estudo da pessoa de Cristo. Fundamenta-se na afirmação da humanidade e da divindade de Jesus, bem como seu papel de mediador entre Deus e a humanidade.

Nesta unidade, abordaremos os principais aspectos que correspondem à compreensão acerca das duas naturezas de Jesus, ou seja, como ele pode ser plenamente homem e, plenamente Deus. Antes de abordar a discussão acerca das naturezas de Cristo, caminharemos pelas profecias do Antigo Testamento, que correspondem à espera de uma figura importantíssima para o desenvolvimento da história da salvação.

Estudaremos, também, a Doutrina dos Anjos. As Escrituras dedicam uma atenção especial aos anjos, apresentando-os como seres maravilhosos, criados por Deus para finalidades especiais. A Bíblia tem muito a dizer sobre eles: sua origem, classificação, trabalho, natureza, relação com a vida na Terra, bem como sobre nossa postura em relação a eles. Além disso, notamos que, na atualidade, existe uma busca intensa por anjos, e prolifera em nosso meio uma infinidade de ideias equivocadas, que constam de diversas literaturas distorcidas e que não encontram respaldo bíblico acerca deles.

Esta unidade está dividida em cinco capítulos. No primeiro capítulo, estudaremos o Messianismo em Israel. Logo em seguida, no segundo capítulo, trabalharemos o Messias no Novo Testamento. No terceiro capítulo, aprenderemos as duas naturezas de Jesus. No quarto capítulo, estudaremos os Anjos e sua natureza. E, por fim, no quinto capítulo, falaremos sobre Satanás e os anjos maus.

CAPÍTULO 1

Messianismo em Israel

Desde muito cedo, Israel cultivou uma esperança profunda nas palavras divinas acerca do Messias. Desde o tempo de Davi havia uma ligação muito próxima entre o conceito de Messias e a figura do Rei. O termo Messias vem do hebraico מָשִׁיחַ (Mashiah), e significa "ungido". O verbo correspondente é "untar" ou "ungir". A conexão entre o termo "ungido" e a figura do rei se dá no momento da escolha de Davi como rei:

> Disse mais Samuel a Jessé: Acabaram-se os moços? E disse: Ainda falta o menor, que está apascentando as ovelhas. Disse, pois, Samuel a Jessé: Manda chamá-lo, porquanto não nos assentaremos até que ele venha aqui. Então mandou chamá-lo e fê-lo entrar (e era ruivo e formoso de semblante e de boa presença); e disse o Senhor: Levanta-te, e unge-o, porque é este mesmo. Então Samuel tomou o chifre do azeite, e ungiu-o no meio de seus irmãos; e desde aquele dia em diante o Espírito do Senhor se apoderou de Davi; então Samuel se levantou, e voltou a Ramá (1Sm 16,11-13).

A partir desse momento a figura do rei de Israel passou a ser considerado "Ungido de Yahweh".

1.1 A figura de Davi e a figura do Messias

Tal entrelaçamento se tornou mais nítido com o reinado de Davi, considerado o melhor rei de Israel. A paz interna, uma boa política externa e uma centralização do culto a Yahweh, tornaram o reinado de Davi digno de recordação. Contudo, é através da questão da sucessão do reinado de Davi que temos a profecia que estabelece a fidelidade de Deus à casa dele. Em 2Sm 7, 8-17, Deus diz a Davi:

> Assim diz o Senhor dos Exércitos: Eu te tomei da malhada, de detrás das ovelhas, para que fosses o soberano sobre o meu povo, sobre Israel. E fui contigo, por onde quer que foste, e destruí a teus inimigos diante de ti; e fiz grande o teu nome, como o nome dos grandes que há na terra. E prepararei lugar para o meu povo, para Israel, e o plantarei, para que habite no seu lugar, e não mais seja removido, e nunca mais os filhos da perversidade o aflijam, como dantes, desde o dia em que mandei que houvesse juízes sobre o meu povo Israel; a ti, porém, te dei descanso de todos os teus inimigos; também o Senhor te faz saber que te fará casa. Quando teus dias forem completos, e vieres a dormir com teus pais, então farei levantar depois de ti um dentre a tua descendência, o qual sairá das tuas entranhas, e estabelecerei o seu reino. Este edificará uma casa ao meu nome, e confirmarei o trono do seu reino para sempre. Eu lhe serei por pai, e ele me será por filho; e, se vier a transgredir, castigá-lo-ei com vara de homens, e com açoites de filhos de homens. Mas a minha benignidade não se apartará dele; como a tirei de Saul, a quem tirei de diante de ti. Porém a tua casa e o teu reino serão firmados para sempre diante de ti; teu trono será firme para sempre. Conforme a todas estas palavras, e conforme a toda esta visão, assim falou Natã a Davi.

Nesta profecia, encontramos a base para a crença no Messias vindouro, cuja origem seria da casa (descendência) de Davi, e seria "filho de Deus": *"Eu lhe serei por Pai e ele me será por filho";* também a certeza que Deus nunca desampararia a casa (descendência) de Davi, cujo reino *"seria firmado para sempre".*

Diante do processo de estagnação e corrupção da monarquia, que provoca as diversas catástrofes históricas em Israel, culminando na destruição de Jerusalém em 587 a.C., temos a demonstração que a realeza e o povo não corresponderam ao grande ideal de Deus e do reinado messiânico! Enfim, o cativeiro. E, com ele, a crise teológica: Será que Yahweh ainda dirige os fatos? Será que Yahweh tem mesmo controle sobre os acontecimentos?

1.2 A expectativa messiânica nos profetas

É na literatura profética, tanto pré-exílica como pós-exílica, que encontramos o que Deus quer: arrependimento e restaurar a paz na terra! A realização do projeto escatológico de Deus se faz no decorrer do processo histórico, e depois do exílio revela, nitidamente, uma mudança de perspectiva, mas ela revela, ao mesmo tempo, o grande esforço de manter a fé, reforçar a esperança no agir histórico de Deus, "apesar de tudo".

Além disso, floresce a esperança messiânica:

> Mas para a terra que estava aflita não continuará a obscuridade. Deus, nos primeiros tempos, tornou desprezível a terra de Zebulom e a terra de Naftali; mas, nos últimos, tornará glorioso o caminho do mar, além do Jordão, Galileia dos gentios. O povo que andava em trevas viu grande luz, e aos que viviam na região da sombra da morte, resplandeceu-lhes a luz. Tens multiplicado este povo, a alegria lhe aumentaste; alegram-se eles diante de ti, como se alegram na ceifa e como exultam quando repartem os despojos. Porque tu quebraste o jugo que pesava sobre eles, a vara que lhes feria os ombros e o cetro do seu opressor, como no dia dos midianitas; porque toda bota com que anda o guerreiro no tumulto da batalha e toda veste revolvida em sangue serão queimadas, servirão de pasto ao fogo. Porque um menino nos nasceu, um filho se nos deu; o governo está sobre os seus ombros; e o seu nome será: Maravilhoso Conselheiro, Deus Forte, Pai da Eternidade, Príncipe da Paz; (Is 9,1-6).

Do tronco de Jessé sairá um rebento, e das suas raízes, um renovo. Repousará sobre ele o Espírito do SENHOR, o Espírito de sabedoria e de entendimento, o Espírito de conselho e de fortaleza, o Espírito de conhecimento e de temor do SENHOR. Deleitar-se-á no temor do SENHOR; não julgará segundo a vista dos seus olhos, nem repreenderá segundo o ouvir dos seus ouvidos; mas julgará com justiça os pobres e decidirá com equidade a favor dos mansos da terra; ferirá a terra com a vara de sua boca e com o sopro dos seus lábios matará o perverso. A justiça será o cinto dos seus lombos, e a fidelidade, o cinto dos seus rins. O lobo habitará com o cordeiro, e o leopardo se deitará junto ao cabrito; o bezerro, o leão novo e o animal cevado andarão juntos, e um pequenino os guiará. A vaca e a ursa pastarão juntas, e as suas crias juntas se deitarão; o leão comerá palha como o boi. A criança de peito brincará sobre a toca da áspide, e o já desmamado meterá a mão na cova do basilisco. Não se fará mal nem dano algum em todo o meu santo monte, porque a terra se encherá do conhecimento do SENHOR, como as águas cobrem o mar. (Is 11,1-9).

E continuou o SENHOR a falar com Acaz, dizendo: Pede ao SENHOR, teu Deus, um sinal, quer seja embaixo, nas profundezas, ou em cima, nas alturas. Acaz, porém, disse: Não o pedirei, nem tentarei ao SENHOR. Então, disse o profeta: Ouvi, agora, ó casa de Davi: acaso, não vos basta fatigardes os homens, mas ainda fatigais também ao meu Deus? Portanto, o Senhor mesmo vos dará um sinal: eis que a virgem conceberá e dará à luz um filho e lhe chamará Emanuel. Ele comerá manteiga e mel quando souber desprezar o mal e escolher o bem. Na verdade, antes que este menino saiba desprezar o mal e escolher o bem, será desamparada a terra ante cujos dois reis tu tremes de medo. Mas o SENHOR fará vir sobre ti, sobre o teu povo e sobre a casa de teu pai, por intermédio do rei da Assíria, dias tais, quais nunca vieram, desde o dia em que Efraim se separou de Judá. (Is 7,10-17).
Eis que vêm dias, diz o SENHOR, em que levantarei a Davi um Renovo justo; e, rei que é, reinará, e agirá sabiamente, e executará o juízo e a justiça na terra. Nos seus dias, Judá será salvo, e Israel habitará seguro; será este o seu nome, com que será chamado: SENHOR, Justiça Nossa. (Jr 23,5- 6)

O povo de Israel conviveu com essa expectativa messiânica por um longo período, atravessando os séculos que sucederam o retorno do cativeiro babilônico, e, posteriormente a dominação persa. Outras passagens proféticas juntaram-se àquelas proferidas pelos profetas clássicos de Israel, a saber a do profeta Miqueias:

> "E tu, Belém Efrata, posto que pequena entre milhares de Judá, de ti me sairá o que será Senhor em Israel, e cujas origens são desde os tempos antigos, desde os dias da eternidade. Portanto, os entregará até ao tempo em que a que está de parto tiver dado à luz; então, o resto de seus irmãos voltará com os filhos de Israel. E ele permanecerá e apascentará o povo na força do Senhor, na excelência do nome do Senhor, seu Deus; e eles permanecerão, porque agora será ele engrandecido até aos confins da terra" (Mq 5.2-4);

E do profeta Zacarias: *"Alegra-te muito, ó filha de Sião; exulta, ó filha de Jerusalém; eis que o teu rei virá a ti, justo e Salvador, pobre e montado sobre um jumento, sobre um asninho, filho de jumenta"* (Zc 9.9).

O fim da expectativa se dá na plenitude dos tempos, como atesta o apóstolo Paulo, *"Mas, vindo a plenitude dos tempos, Deus enviou seu Filho, nascido de mulher, nascido sob a lei, Para remir os que estavam debaixo da lei, a fim de recebermos a adoção de filhos"* (Gl 4,4-5). Assim, as profecias do Antigo Testamento são revisitadas pelos escritores do Novo Testamento, em especial, dos Evangelhos, que identificam em Jesus, o Nazareno, a figura messiânica, tanto aguardada pelos judeus.

Questão para Reflexão
Pense em como as promessas feitas à casa de Davi, bem como sua figura como o melhor rei de Israel, contribuíram para a formação da expectativa messiânica em Israel.

CAPÍTULO 2

O Messias no Novo Testamento

Os primeiros cristãos identificaram em Jesus as profecias proferidas pelos profetas do Antigo Testamento. Os diversos aspectos, bem como títulos messiânicos também foram aplicados a Jesus, identificados mediante sua trajetória terrena, regada por demonstração latentes de sua messianidade e legitimidade divina.

Sua atuação ministerial durou cerca de três anos, e atendeu pelos menos três regiões de Israel: Galileia, Judeia e Pereia (SILVA, 2015). Jesus passou boa parte de seu ministério na Galileia, região empobrecida de Israel, entre os povos marginalizados e carentes, pregando o arrependimento e a chegada do Reino de Deus.

Sua pregação, sua atuação profética, bem como suas intervenções milagrosas, facilitaram o reconhecimento de sua messianidade por parte do povo. Os títulos atribuídos a Jesus ajudam-nos, segundo David R. Nichols (2020), "a compreendê-lo em termos relevantes para o mundo no qual viveu. Eles também nos ajudam a compreender sua natureza incomparável".

Dentre os títulos, os mais importantes a serem abordados são: Filho de Davi, Filho de Deus, Filho do Homem.

2.1 Filho de Davi

Embora esse título possa ser compreendido como uma mera referência à genealogia de Jesus, é fundamental que compreendamos que a pretensão dos evangelhos sinóticos apresentarem Jesus como Filho de Davi tem a finalidade de reconhecê-lo como messias (BRUNELLI, 2016).

As diversas passagens nos Evangelhos que fazem referência a Jesus como Filho de Davi, fazem com uma intenção teológica. Em Mateus 9,27-30, encontramos a declaração na boca dos cegos:

> E, partindo Jesus dali, seguiram-no dois cegos, clamando e dizendo: Tem compaixão de nós, filho de Davi. E, quando chegou à casa, os cegos se aproximaram dele; e Jesus disse-lhes: Credes vós que eu possa fazer isto? Disseram-lhe eles: Sim, Senhor. Tocou então os olhos deles, dizendo: Seja-vos feito segundo a vossa fé. E os olhos se lhes abriram. E Jesus ameaçou-os, dizendo: Olhai que ninguém o saiba.

Entretanto, o mesmo título que lhe concedia a identificação de Messias esperado, foi compreendido, de forma literal, por parte de alguns setores do povo. Ou seja, o fato de ser descendente de Davi, e o messias enviado, alguns o compreenderam como um líder político:

> Vendo, pois, aqueles homens o milagre que Jesus tinha feito, diziam: Este é, verdadeiramente, o profeta que devia vir ao mundo. Sabendo, pois, Jesus que haviam de vir arrebatá-lo, para o fazerem rei, tornou a retirar-se, ele só, para o monte (Jo 6.14,15).

Jesus, todavia, fazia questão de apontar para o verdadeiro significado do título, demonstrando que seu reinado não pertencia a esse mundo: *"O meu Reino não é deste mundo; se o meu Reino fosse deste mundo, lutariam os meus servos para que eu não fosse entregue aos judeus; mas, agora, o meu Reino não é daqui"* (Jo 18.36).

2.2 Filho de Deus

Ser chamado de Filho de Deus implica para Jesus, segundo Brunelli (2016, p.31), a identificação de "Sua procedência divina e respectiva obediência a Deus, assim como também o ato de ser chamado de Filho do Homem reflete Sua natureza humana". Na concepção judaica, o conceito de Filho de Deus tinha um significado amplo, sendo utilizado para a nação (Êx 4,22; Is 1,20; 30,1; Jr 3,22), para os reis (Sl 2,6,7; 89,26). Conforme abordado anteriormente, o conceito de Filho de Deus estava intrinsecamente atrelado ao conceito de Messias, segundo o texto de 2Sm 7. Dessa forma, o conceito expressaria uma compreensão literal acerca do messias e do reinado em Israel, ou seja, associaria Jesus a um reinado terreno, como atesta Oscar Cullmann (2002, p.359):

> Em resumo, podemos dizer que, para o Antigo Testamento e o judaísmo, o que caracteriza o Filho de Deus não é primordialmente a posse de uma força excepcional, nem uma relação de substância com Deus em virtude de haver sido divinamente gerado, mas, sim, o fato de ser eleito para realizar uma missão divina particular: obedecer estritamente ao chamado de Deus.

Para o judaísmo, seria uma espécie de adoção de pai para filho. Contudo, Jesus é chamado de Filho de Deus, não por causa de taumaturgia ou eleição, mas por causa de sua relação substancial com o Pai (BRUNELLI, 2016).

Em duas ocasiões específicas, Jesus é identificado como o Filho de Deus pelo próprio Deus, no batismo e na transfiguração.

> E aconteceu que, como todo o povo se batizava, sendo batizado também Jesus, orando ele, o céu se abriu, e o Espírito Santo desceu sobre ele em forma corpórea, como uma pomba; e ouviu-se uma voz do céu, que dizia: Tu és meu Filho amado; em ti me tenho comprazido (Lc 3.21,22).

> "E, estando ele orando, transfigurou-se a aparência do seu rosto, e as suas vestes ficaram brancas e mui resplandecentes. E eis que estavam falando com ele dois varões, que eram Moisés e Elias, os quais apareceram com glória e falavam da sua morte, a qual havia de cumprir-se em Jerusalém" (Lc 9.29,31).

Outras passagens[3] atestam essa identidade de Jesus como Filho de

---
3 Cf. Jo 1,1; Jo 3,17-18; Mt 16,16-17; Hb 1,2; 3,6; 5,5-8; 7,28

Deus, que é pré-existente e realiza Sua missão em obediência à vontade do Pai.

2.3 Filho do Homem

Jesus rejeitava ser chamado de Filho de Deus por causa de seu sentido ambíguo, mas falava de si mesmo como Filho do Homem, abertamente. Ele faz referência a si mesmo com esse título pelo menos 60 vezes nos evangelhos sinóticos.

Esse título pode ser encontrado no Antigo Testamento, na literatura profética, em especial, no Livro de Ezequiel e Daniel, com diferenças significativas. Em Ezequiel, o termo significa apenas a identificação de sua pessoa:

Depois me disse: Filho do homem, come o que achares; come este rolo, e vai, fala à casa de Israel. (Ez 3,1)
E disse-me: Filho do homem, põe-te em pé, e falarei contigo. Então entrou em mim o Espírito, quando ele falava comigo, e me pôs em pé, e ouvi o que me falava Ez (2:1,2).

No livro de Daniel, todavia, o conceito é revestido da ideia de um salvador escatológico:

> Eu estava olhando nas minhas visões da noite, e eis que vinha nas nuvens do céu um como o filho do homem, e dirigiu-se ao ancião de dias, e o fizeram chegar até ele. E foi-lhe dado o domínio, e a honra, e o reino, para que os povos, nações e línguas o servissem; o seu domínio é um domínio eterno, que não passará, e o seu reino, o único que não será destruído (Dn 7.13,14).

Jesus, quando se refere a si mesmo como Filho do homem, se insere dentro da tradição do Filho do Homem, encontrada no livro de Daniel. Assim, Ele se apresenta como aquele que exercerá a salvação e o juízo escatológico, como atesta Cullmann (2002, p.208):

> A função essencial do Filho do Homem que vem (como há nos livros judaicos antigos e, particularmente, no livro do etíope Enoque) é o juízo. Na importante passagem relativa

ao juízo final das "ovelhas e dos bodes" (Mt 25.31-46), sem dúvida, o juízo é pronunciado pelo Filho do Homem. Ocorre o mesmo em Marcos 8.38, onde, semelhante aos anjos do judaísmo tardio, Ele exercerá a função de testemunha contra aqueles que dele se envergonharem. A atribuição do juízo a Jesus (que o Novo Testamento costuma atribuir também a Deus) está diretamente relacionada à noção de Filho do Homem. Não temos necessidade de consagrar um capítulo especial a Jesus como "juiz". Essa qualificação nada apresenta senão um aspecto da ideia de Filho do Homem.

Com esse título messiânico escatológico, Jesus aponta para sua identidade divina. Contudo, Jesus, como Filho do Homem, pode significar algo novo também, como atesta Nichols (2020), pois tem uma relação com seu ministério terreno; com seu sofrimento futuro (Mc 8,31); bem como sua glorificação futura (Mc 13,24). Assim, podemos concluir com Brunelli (2016, p.37), que

> Jesus, o Filho do Homem, é esperado como alguém que há de vir, já veio e, "em breve", voltará na plena realização final, quando terá lugar o julgamento do mundo; e voltará não somente como representante escatológico de Deus e do Seu Reino, mas também como representante, de certa maneira, de todos os homens (...).

Questão para Reflexão
Reflita sobre como os títulos messiânicos foram determinantes para a compreensão dos primeiros cristãos acerca da identidade divina de Jesus.

CAPÍTULO 3

As duas naturezas de Jesus

Jesus é plenamente humano e plenamente divino. Como afirmado anteriormente, Jesus é Deus, assim como o Pai é Deus e o Espírito é Deus. Essa afirmação é baseada nas Escrituras, como demonstrado na seção em que discutimos a doutrina da Trindade. Entretanto, a "segunda" pessoa da Trindade atua de modo especial na economia da salvação, Ele se fez "carne", e habitou entre nós (Jo 1). Por isso, é fundamental estudarmos sua humanidade e divindade e, como a divindade e a humanidade se unem na pessoa de Jesus.

3.1 A Natureza humana de Jesus

O ponto de partida para a compreensão da humanidade de Jesus é a encarnação de Cristo. Jesus é concebido no ventre de Maria, por obra milagrosa do Espírito Santo: *"Logo depois, um anjo do Senhor disse a José, que havia desposado Maria: "José, filho de Davi, não temas receber Maria, tua mulher, porque o que nela foi gerado é do Espírito Santo"* (Mt 1.20).

O nascimento milagroso de Jesus é cumprimento das Escrituras Sagradas, de uma profecia de Isaias: *"Eis que uma virgem conceberá, e dará à luz um filho, e será o seu nome Emanuel"* (Is 7.14b); e foi anunciada pelo anjo Gabriel a própria Maria: *"Descerá sobre ti o Espírito Santo, e o poder do Altíssimo te envolverá com a sua sombra; por isso, também o ente santo que há de nascer será chamado*

Filho de Deus" (Lc 1.35; cf. 3.23).

A importância do nascimento virginal de Jesus é latente, como atesta Wayne Grudem (2012), pois sustenta pelo menos três áreas importantes na compreensão da humanidade de Jesus Cristo:

a) Mostra que a salvação, em última análise, deve vir do Senhor;
b) O nascimento virginal possibilitou a união da plena divindade e da plena humanidade em uma só pessoa e;
c) O nascimento virginal também torna possível a verdadeira humanidade de Cristo, sem a herança do pecado.

3.1.1 Jesus possuía todas as características de um ser humano

Jesus era plenamente humano. Em muitas passagens bíblicas encontramos a confirmação na natureza humana de Jesus, bem como sua semelhança com os homens. Ele nasceu (Lc 2,7). Viveu uma infância comum na região da Galileia, como outras crianças: *"Crescia o menino e se fortalecia, enchendo-se de sabedoria; e a graça de Deus estava sobre ele"* (Lc 2,40); Experimentou as necessidades básicas de um ser humano: ficava cansado (Jo 4,6); teve sede (Jo 19,28); teve fome (Mt 4,2).

Após a ressurreição, ressuscitou em forma corpórea, - ainda que em um corpo aperfeiçoado e não sujeito à fraqueza - como demonstrado em diversas passagens dos Evangelhos, por ocasião do seu reencontro com os discípulos: *"Vede as minhas mãos e os meus pés, que sou eu mesmo; apalpai-me e verificai, porque um espírito não tem carne nem ossos, como vedes que eu tenho"* (Lc 24.39). Ele não é um "espírito" sem corpo, ele era de carne e osso (Lc 24.42; cf. v. 30; Jo 20.17, 20, 27; 21.9,13).

Assim,

> Jesus era como nós em todos os aspectos antes da ressurreição, e após a ressurreição ainda era um corpo humano com "carne e ossos, mas tornado perfeito, o tipo de corpo que teremos quando Cristo voltar e formos também ressuscitados (GRUDEM, 2012, p.447).

Ele também era pleno de emoções: tristeza (Jo 12.27); alegria (Lc 10.21); amor (Mc 10.21); compaixão (Mt 9.36); dor (Is 53.3); choro (Jo 1.35); pavor e angústia (Mc 14.33), indignação (Mc 10.14); e agonia (Lc 22.44).

3.2 A Natureza divina de Jesus

Jesus era plenamente divino. A encarnação do Verbo (Jo 1,1-14) expressa o ato que Deus Filho assumiu a natureza humana. Embora o termo encarnação não apareça na Bíblia, a Igreja se utilizou dele para exemplificar a preexistência do Cristo e, Deus em carne humana (GRUDEM, 2012). Além da afirmação joanina, temos uma ampla comprovação bíblica acerca da divindade de Jesus.

Wayne Grudem (2012), sublinha que, dentre as citações diretas de que Jesus é Deus na Bíblia, duas categorias podem ser encontradas: quando Ele é chamado de Deus (θεός) e Senhor (Κύριος). No primeiro grupo, o autor identifica a palavra θεός, que é utilizada em boa parte do Novo Testamento para Deus Pai, sendo utilizada para Jesus:

No princípio era o Verbo, e o Verbo estava com Deus, e o Verbo era Deus (Jo 11)

E Tomé respondeu, e disse-lhe: Senhor meu, e Deus meu (Jo 20,28). Dos quais são os pais, e dos quais é Cristo segundo a carne, o qual é sobre todos, Deus bendito eternamente. Amém.

(Rm 9,5) Aguardando a bem-aventurada esperança e o aparecimento da glória do grande Deus e nosso Senhor Jesus Cristo; Tt (2,13);

Simão Pedro, servo e apóstolo de Jesus Cristo, aos que conosco alcançaram fé igualmente preciosa pela justiça do nosso Deus e Salvador Jesus Cristo: (2 Pd 1,1).

Quanto ao segundo grupo, Grudem (2012), atesta o uso da palavra κύριος como tratamento de respeito a um superior ou a um "patrão" (Mt 13.27; 21.30; 27.63; Jo 4.11; Mt 6.24; 21.40). Entretanto, a mesma palavra é utilizada pela Septuaginta (tradução grega do Antigo Testamento) como uma forma de traduzir o tetragrama YHWH, "Javé", ou, conforme aparece nas traduções para a língua portuguesa, "SENHOR". Ele sublinha, também,

> A palavra *kyrios* é empregada para traduzir o nome do Senhor 6.814 vezes no Antigo Testamento grego. Assim, qualquer leitor grego da época do Novo Testamento que conhecesse um pouco o Antigo Testamento grego reconheceria que, nos contextos apropriados, a palavra "Senhor" era o nome do Criador e Mantenedor do céu e da terra, o Deus onipotente (GRUDEM, 2012, p.448).

A palavra é utilizada com essa conotação pelos pastores de Belém, por ocasião do dia natalício de Jesus: *"... hoje vos nasceu, na cidade de Davi, o Salvador, que é Cristo, o Senhor"* (Lc 2.11). E quando Isabel é visitada por Maria: *"E de onde me provém que me venha visitar a mãe do meu Senhor?"* (Lc 1.43). Existem outras fortes alegações da divindade de Jesus no Novo Testamento. O próprio Jesus fala de sua preexistência: *"Antes que Abraão existisse, EU SOU"* (Jo 8,58); Em Apocalipse ele diz: *"Eu sou o Alfa e o Ômega, o Primeiro e o Último, o Princípio e o Fim"* (Ap 22.13); o Apóstolo Paulo também atesta a divindade e a preexistência de Jesus: *"E ele é antes de todas as coisas, e todas as coisas subsistem por ele"* (Cl 1,17).

Além das afirmações diretas acerca da sua divindade, seus atos evidenciam seus atributos divinos. Ele é onipotente, pois tem poder sob a natureza (Mt 8,26-27); transforma a substância das coisas (Jo 2,1-11). É onisciente, pois conhece o pensamento das pessoas (Mc 2,8; Jo 1,48; Jo 2,25). A onipresença, entretanto, se refere à sua glorificação futura, não sendo evidenciada explicitamente nos evangelhos (Mt 18,20); É soberano, pois perdoa pecados e pode ressignificar a leitura da Torá (Mc 2,5-7; Mt 5,22); e digno de adoração (Fl 2,9-11; Hb 1,6; Ap 5,12-13)

3.3 A União Hipostática

A doutrina bíblica das duas naturezas de Jesus Cristo nem sempre foi bem compreendida no cristianismo primitivo. Ao longo da história da Igreja, muitas controvérsias surgiram em torno do tema (BRUNELLI, 2016). Grupos diversos surgiram nesse ínterim, propagando interpretações equivocadas acerca da união das duas naturezas na pessoa de Cristo, a ponto de desvirtuar muitos crentes da fé bíblica. A Igreja contestou duramente os hereges e buscou estabelecer o dogma das duas naturezas de Cristo.

Dentre os grupos que foram considerados hereges pela Igreja cristã primitiva, no que diz respeito às duas naturezas de Cristo estão: o ebionismo, o apolinarismo, o nestorianismo, o monofisismo (eutiquianismo) e o arianismo (GRUDEM, 2012; STRONG, 2003).

a) Os Ebionitas: Negavam a natureza divina de Cristo, e sustentavam que ele era apenas homem, quer concebido natural, quer sobrenaturalmente. Contudo, tal homem tinha uma relação peculiar com Deus, na qual, desde a época do batismo, uma plenitude desmedida do Espírito Divino repousava sobre ele. O ebionismo era simplesmente um judaísmo sob o disfarce da igreja cristã e a negação da divindade de Cristo, ocasionada pela aparente incompatibilidade com o monoteísmo.

b) Apolinarismo: Apolinário, que se tornou bispo em Laodiceia, em cerca de 361 a.C., ensinava que a pessoa única de Cristo possuía um corpo humano, mas não uma mente ou um espírito humano, e que a mente e o espírito de Cristo provinham da natureza divina do Filho de Deus. Mas, as ideias de Apolinário foram rejeitadas pelos líderes da igreja na época. Eles perceberam que não era só o nosso corpo humano que necessitava de salvação e ser representado por Cristo na sua obra redentora, mas, também, nossa mente e espírito (ou alma) humano: Cristo tinha de ser plena e verdadeiramente humano para nos salvar (Hb 2.17). O apolinarismo foi rejeitado por alguns concílios eclesiásticos, desde o Concilio de Alexandria em 362 d.C., até o Concilio de Constantinopla, em 381 d.C." (GRUDEM, 2012).

c) Nestorianismo: Nestório, exonerado do patriarcado de Constantinopla, em 431 d.C., negava a união real entre as naturezas divina e humana em Cristo, tomando-a mais uma unidade moral do que orgânica. Recusavam-se, portanto, a atribuir à unidade resultante, os atributos de cada natureza e consideravam Cristo como um homem numa relação bem próxima com Deus. Assim, eles sustentavam virtualmente duas naturezas e duas pessoas, em vez de duas naturezas em uma pessoa. (STRONG, 2003)

d) Monofisismo: Eutiquianos (Eutiques, condenado em Calcedônia, 451) negavam a distinção e coexistência das duas naturezas e defendiam uma mistura de ambas, o que constituía um *tertium quid*, uma terceira natureza. Visto que, neste caso, o divino deve sobrepor o humano, segue-se que o humano foi realmente absorvido ou transmudado no divino, apesar de que o divino não ficou sendo, em todos os aspectos, o mesmo, após a união, que se deu anteriormente. Os eutiquianos foram chamados de monofisitas porque virtualmente reduziam as duas naturezas a uma. (STRONG, 2003)

e) Arianismo: Os arianos (Ario, condenado em Niceia, 325) negavam a integridade da natureza divina em Cristo. Eles consideravam o Logos que se uniu a humanidade em Cristo, não como possuído de divindade absoluta, mas, como o primeiro e mais elevado dos seres criados. Este ponto de vista originou-se numa falsa interpretação dos relatos escriturísticos do estado de humilhação de Cristo e, no equívoco da subordinação temporária com a desigualdade original e permanente (STRONG, 2003).

3.3.1 A solução do problema

A discussão a respeito das duas naturezas de Cristo foi resolvida em

451 d.C., no Concílio de Calcedônia, realizado do dia 8 de outubro ao 1 de novembro. De acordo com Grudem (2012, p. 459), a definição estabelecida no Concílio "tem sido tomada desde então como a definição padrão, ortodoxa, do ensino bíblico sobre a pessoa de Cristo igualmente pelos ramos católicos, protestantes e ortodoxos do cristianismo".

Eis a declaração ortodoxa estabelecida no Concílio:

> Fiéis aos Santos Pais, todos nós, perfeitamente unânimes, ensinamos que se deve confessar um só e mesmo Filho, nosso Senhor Jesus Cristo, perfeito quanto à divindade, e perfeito quanto à humanidade; verdadeiramente Deus e verdadeiramente homem, constando de alma racional e de corpo, consubstancial com o Pai, segundo a divindade, e consubstancial a nós, segundo a humanidade; em tudo semelhante a nós, excetuando o pecado; gerado segundo a divindade pelo Pai antes de todos os séculos, e nestes últimos dias, segundo a humanidade, por nós e para nossa salvação, nascido da Virgem Maria, mãe de Deus; um e só mesmo Cristo, Filho, Senhor, Unigênito, que se deve confessar, em duas naturezas, inconfundíveis, imutáveis, indivisíveis, inseparáveis; a distinção de naturezas de modo algum é anulada pela união, antes é preservada a propriedade de cada natureza, concorrendo para formar uma só pessoa e em uma subsistência; não separado nem dividido em duas pessoas, mas um só e o mesmo Filho, o Unigênito, Verbo de Deus, o Senhor Jesus Cristo, conforme os profetas desde o princípio acerca dele testemunharam, e o mesmo Senhor Jesus nos ensinou, e o Credo dos Santos Pais nos transmitiu.

Questão para Reflexão

Pense sobre os desafios dos primeiros cristãos apologistas na luta contra as diversas heresias ligadas às duas naturezas de Cristo.

CAPÍTULO 4

A Doutrina dos Anjos (Angelologia)

Por meio das Escrituras, atestamos a existência destes seres espirituais e por meio da literatura antiga, escrita e oral. Notamos que, na atualidade, existe uma busca intensa por anjos, e, prolifera em nosso meio, uma infinidade de ideias equivocadas que constam de diversas literaturas distorcidas e que não encontram respaldo bíblico acerca deles.

As Escrituras dedicam uma atenção especial aos anjos, apresentando-os como seres maravilhosos, criados por Deus para finalidades especiais. A Bíblia tem muito a dizer sobre eles: sua origem, classificação, trabalho, natureza, relação com a vida na Terra, bem como sobre nossa postura em relação a eles.

4.1 A etimologia da palavra

A palavra "Anjo" é derivada da expressão grega ἄγγελος aggelos (angelos); e da expressão em hebraico מַלְאָךְ; (mal'ak), Mensageiro, representante, cortesão, anjo. A expressão era utilizada, tanto para mensageiros humanos, como para mensageiros sobrenaturais e, para o Anjo do Senhor, tendo que ser interpretada de acordo com o contexto da narrativa.

Os anjos são realidade, já no início da História bíblica, e são, exaustivamente, mencionados nela, a saber, 108 vezes no Antigo

Testamento e, 165 vezes no Novo Testamento. Eles eram comumente conhecidos como mensageiros, mas, tanto no Antigo Testamento, quanto no Novo Testamento, desempenham outras atividades, além da função de mensageiros.

4.2 Anjos no Antigo Testamento

O termo *Mal'ak*, como atestado anteriormente, poderia ser utilizado tanto para mensageiros humanos como para mensageiros divinos. Em uma passagem de Gênesis, encontramos o mesmo termo sendo utilizado tanto para mensageiros divinos, como humanos, vejamos:

> 1 Também Jacó seguiu o seu caminho, e **anjos de Deus** lhe saíram a encontrá-lo. 2 Quando os viu, disse: Este é o acampamento de Deus. E chamou àquele lugar Maanaim. 3 Então, Jacó enviou **mensageiros** adiante de si a Esaú, seu irmão, à terra de Seir, território de Edom, (Gn 32,1-3)

Quanto aos mensageiros humanos, eles levavam boas notícias (1Sm 6,21), ameaças (1 Rs 19,2) ou pedidos (Nm 20,14; 22,5; Jz 7,24). O termo, no entanto, também era aplicado ao cortesão ou ao servo enviado com outros objetivos. Eles podiam espiar (Js 6,25) ou matar (1 Sm 19,11; 2 Rs 6,32). Quanto ao mensageiro divino, estavam praticamente encarregados das mesmas funções dos mensageiros humanos, tendo como aspecto central, a transmissão de mensagens:

> 8 Tive de noite uma visão, e eis um homem montado num cavalo vermelho; estava parado entre as murteiras que havia num vale profundo; atrás dele se achavam cavalos vermelhos, baios e brancos.9 Então, perguntei: meu senhor, quem são estes? Respondeu-me **o anjo** que falava comigo: Eu te mostrarei quem são eles.10 Então, respondeu o homem que estava entre as murteiras e disse: São os que o SENHOR tem enviado para percorrerem a terra. (Zc 1,9)

Contudo, em certos momentos, eram incumbidos de tarefas particulares e especiais, tal como proteger um esforço humano, como a procura da noiva de Isaque (Gn 24,40), ou, guardar os hebreus no deserto (Êx 23,20). Eles executavam juízo (2Sm 24,17; Sl 78,49), livravam (Gn 19,12-17) e protegiam (Sl 91,11). Além disso, participam do louvor ativo a Deus (Sl 148,2; Is 6,3).

4.3 Anjos no Novo Testamento

O termo ἄγγελος (angelos) é, em sua maioria, utilizado no Novo Testamento para designar os mensageiros de Deus que habitam os céus e assistem em sua presença (51 vezes nos Sinóticos, 21 vezes em Atos, e, 67 vezes, em Apocalipse). Emprega-se com respeito a homens apenas 6 vezes em todo o Novo Testamento (Lc 7:24; 9:52; Tg 2:25; e Mc 1:2, Lc 7:27 ao citarem Ml 3:1).

Nos Evangelhos sinóticos, encontramos muitos momentos em que os anjos estão presentes no ministério de Jesus, como aponta Brunelli (2016, p.33):

> A vida de Jesus na terra foi contemplada pelos anjos (1 Tm 3.16). Eles anunciaram o nascimento de Jesus (Lc 1.26-38). Quando Jesus nasceu, eles cantaram (Lc 2.13,14). Depois que José, Maria e Jesus cumpriram um tempo de fuga no Egito, um anjo apareceu para José num sonho, avisando que era hora de voltar para sua terra (Mt 2.19). Na tentação de Jesus, eles o serviram (Mt 4.11), no Seu momento de maior agonia, eles estavam de prontidão para socorrer o Filho de Deus (Mt 26.53), na Sua aflição no jardim do Getsêmani, apareceu um anjo do céu que o confortava (Lc 22.43), na ressurreição, um deles removeu a pedra (Mt 28.2), foram os primeiros a anunciar que Jesus estava vivo (Mt 28.5,6), na Sua ascensão, eles o escoltaram e foram os primeiros a anunciar aos discípulos que, do mesmo modo como subiu aos céus, Ele voltará (At 1.10,11) e, quando o Senhor retornar para julgar o mundo, eles formarão um grande cortejo para acompanhá-lo (Mt 25.31; 1 Ts 4.16; Jd 1.14).

A natureza dos Anjos

Quando falamos de natureza, estamos falando da combinação específica das qualidades originais, constitucionais ou nativas de um indivíduo, animal ou coisa; caráter inato. As qualidades originais dos anjos, que podemos encontrar na Bíblia, são: velozes, assexuados, fortes, gloriosos, superiores aos homens, são invisíveis (e visíveis) e imortais.

4.4.1 São seres espirituais criados

Assim como os homens, os anjos também são seres criados. A diferença é que Deus criou apenas um casal humano e deu a ele a incumbência de reproduzir-se. Como aponta Brunelli (2016, p.380) "Os anjos não se reproduzem, foram criados um a um". Eles fazem parte do processo de criação de Deus, como aponta Grudem (2012, p.323):

> Numa passagem que se refere aos anjos como as "hostes" dos céus (ou o "exército dos céus"), diz Esdras: "Só tu és Senhor, tu fizeste o céu, o céu dos céus e todo o seu exército [...] e o exército dos céus te adora" (Ne 9.6; cf. Sl 148.2, 5). Paulo nos diz que Deus criou todas as coisas, "as visíveis e as invisíveis", por meio de Cristo e para ele, e depois inclui especificamente o mundo dos anjos com a expressão "sejam tronos, sejam soberanias, quer principados, quer potestades" (Cl 1.16).

Em outros trechos das Escrituras, observamos a declaração do processo de criação dos anjos:

> Louvai-o, todos os seus anjos; louvai-o, todos os seus exércitos (...). Que louvem o nome do SENHOR, pois mandou, e logo foram criados" (Sl 148.2,5). Os anjos foram criados antes dos homens: "Quando as estrelas da alva juntas alegremente cantavam, e todos os filhos de Deus rejubilavam?" (Jó 38.7).

Deus criou os anjos, muito antes de criar os homens. Todavia, há alguns teólogos, como, por exemplo, Grudem (2012), que ousam arriscar a época, situando-a no sétimo dia da criação, baseados em Gênesis 2.1, que diz: *"Assim, os céus, e a terra, e todo o seu exército foram acabados"*.

4.4.2 São seres espirituais

Os anjos de Deus possuem natureza espiritual. De acordo com a leitura de Hebreus 1.14, os anjos são descritos como sendo espíritos: *"Não são, porventura, todos eles espíritos ministradores, enviados para servir a favor daqueles que hão de herdar a salvação?"* Portanto, ainda que sejam retratados na Bíblia em sua forma gloriosa ou mesmo com aparência humana, não dispõem de corpo físico, como nós. Da mesma forma, não estão sujeitos às limitações que os seres humanos estão, haja vista que o corpo está sujeito às limitações do tempo e do espaço. Para mover-se de um lugar para o outro, esses dois fatores (tempo e espaço), se impõem em relação ao homem, pois está preso a essas leis naturais.

No caso dos anjos, por não possuírem a matéria humana, a corporeidade, se transportam de uma localidade distante para outra, de forma extremamente rápida, como pode ser verificado no livro de Daniel: *"Estando eu, digo, ainda falando na oração, o varão Gabriel, que eu tinha visto na minha visão ao princípio, veio voando rapidamente e tocou-me à hora do sacrifício da tarde"* (Dn 9.21).

Como atesta Wagner Gaby (2015, p.449):

> Que os anjos são incorpóreos está claro em Efésios 6.12: "a nossa luta não e contra a carne nem sangue, e sim contra os principados e potestades, contra os dominadores deste mundo tenebroso, contra as forças espirituais do mal, nas regiões celestes" (cf. Sl 104.4; Hb 1.7,14; At 1912; Lc 7.21; 8.2; 11.26; Mt 8.16; 12.45). Os anjos não têm corpos materiais, "pois um espírito não tem carne e nem ossos" (Lc 24.39) e são invisíveis (Cl 1.16).

Como os anjos são espíritos e não possuem corpos físicos, geralmente, não podemos vê-los, a menos que o próprio Deus nos dê a capacidade de enxergá-los (Nm 22.31; 2Rs 6.17; Lc 2.13). Uma das razões dessa invisibilidade, certamente, é para que os homens não mudem o foco da adoração para eles; entretanto, anjos podem ser vistos, vez por outra, quando é da vontade de Deus permitir essa percepção a alguns. Brunelli (2016, p.31), aponta que:

> Mesmo sendo seres espirituais (imateriais), podem, ocasionalmente, apresentar-se entre os homens, quando em missão especial. Abraão hospedou anjos em sua casa (Gn 18). Estando em forma humana, os anjos comeram com ele

(Gn 18.5-8). Os mesmos anjos foram também hóspedes de Ló (Gn 19). Com base nisso, o escritor da carta aos Hebreus diz: "Não vos esqueçais da hospitalidade, porque, por ela, alguns, não o sabendo, hospedaram anjos" (Hb 13.2). Com estas palavras, a Bíblia insinua que podemos, eventualmente, receber em casa alguém que seja um anjo.

4.4.3 Os anjos são numerosos

As Escrituras, quando se referem aos anjos, em sua grande maioria, os descrevem como sendo "multidões", "exércitos", "inumeráveis", "hostes dos céus". Embora as Escrituras não forneçam a nós o número exato de anjos que foram criados por Deus, temos a clareza de que essa quantidade é incontável. Vejamos alguns exemplos bíblicos que atestam a congregação inumerável de seres angelicais:

> Disse, pois: O Senhor veio do Sinai e lhes alvoreceu de Seir, resplandeceu desde o monte Parã; e veio das miríades de santos; à sua direita, havia para eles o fogo da lei (Dt 33.2).
> Vi o Senhor assentado no seu trono, e todo o exército celestial em pé junto a ele, à sua direita e à sua esquerda (l Rs 22.19).
> Acaso, tem número os seus exércitos? (Jó 25.3).
> Os carros de Deus são miríades, milhares de milhares. O Senhor está no meio deles, como em Sinai, no santuário (Sl 68.1 7).
> ... e eis que o monte estava cheio de cavalos e carros de fogo em redor de Eliseu (2 Rs 6.17).
> Um rio de Jogo manava e saia de diante dele; milhares de milhares o serviam, e milhões de milhões assistiam diante dele; assentou-se o juízo, e abriram-se os livros (Dn 7. Z 0).
> Ou pensas tu que eu não poderia agora orar a meu Pai, e que ele não me daria mais de doze legiões de anjos? (Mt 26.53).
> Então, de repente, apareceu junto ao anjo grande multidão da milicia celestial, louvando a Deus... (Lc 2.13).
> Mas chegastes ao monte Sião, e a cidade do Deus vivo, a Jerusalém celestial, e aos muitos milhares de anjos (Hb 12.22).

4.4.4 Os anjos são poderosos

A Bíblia descreve os anjos como sendo fortes. Quem pode avaliar a força de um anjo? Quem será capaz de resisti-la? São descritos como "fortes". *"E vi um anjo forte, bradando com grande voz: Quem é digno de abrir o livro e de desatar os seus selos?"* (Ap 5.2). Podemos citar apenas um exemplo que é suficiente para explicar a força de um anjo. Basta recorrer à história de guerra movida por Senaqueribe contra o Reino do Sul, nos dias do rei Ezequias. Apenas um anjo deu conta de 185 mil soldados (2 Rs 19.35).

O poder dos anjos é superior, mas não é supremo. Eles são maiores em força e poder que os seres humanos, mas esse poder é outorgado por Deus, para realização de tarefas especiais, não como um fim em si mesmo. O poder dos anjos é usado na luta contra os poderes malignos e demoníacos sob o controle de Satanás (Dn 10.13; Ap 12.7-8; 20.1-3). A Bíblia diz que apenas um anjo lançará o principal e mais poderoso inimigo dos cristãos no abismo e o trancará ali durante mil anos (Ap.20:1-3).

4.5 A classificação hierárquica dos Anjos

As Escrituras indicam que há uma ordem e hierarquização dos anjos no céu. Eles estão distribuídos em classes diferentes, como aponta Brunelli (2016, p.35):

> A organização angelical segue uma hierarquia distinta em cinco principais representações: tronos, qro,noi, *thrónoi;* domínios, kurio,thte, *kyriótetes;* principados, arcai, *arkaí;* potestades, exousi,ai, *exousíai;* e poderes, *dynámis:* "Porque nele foram criadas todas as coisas que há nos céus e na terra, visíveis e invisíveis, sejam tronos, sejam dominações, sejam principados, sejam potestades; tudo foi criado por ele e para ele" (Cl 1.16); "O qual está à destra de Deus, tendo subido ao céu, havendo-se lhe sujeitado os anjos, e as autoridades, e as potências" (1 Pe 3.22). Essa classificação refere-se à esfera de governo, a fim de distingui-los dos demais anjos que somam exércitos e atuam diante de Deus, no Universo e diante do homem, em particular.

Além dessa classificação hierárquica, a Bíblia fala de anjos, arcanjos, querubins e serafins (GABY, 2015, p.453). Quando a Bíblia se refere a principados (Ef 3.10), potestades Cl 2.10), tronos (Cl 1.16) e domínios (Ef 1.21; Cl 1.16), não alude a espécies de anjos, mas, a diversificação dos níveis de autoridade exercida pelos seres angelicais.

4.5.1 Anjos

Os anjos têm a função de defender, proteger, cuidar, levar mensagens, guerrear etc. Eles são numerosos, mas, cada um, sabe sua atividade. A Bíblia Sagrada somente menciona, especificamente o nome de dois anjos: Gabriel e Miguel.

O anjo Gabriel é um dos mais importantes anjos mensageiros que aparecem na Bíblia, como aponta Gaby (2015, p.454):

> Gabriel, cujo nome quer dizer "homem de Deus" ou "herói de Deus". Significa, também, "o poderoso", evidenciando o que o nome sugere. A Palavra de Deus não menciona Gabriel como arcanjo. Ele aparece nas Sagradas Escrituras quatro vezes, como porta-voz de Deus ou como revelador do propósito divino. A primeira menção a Gabriel encontra-se registrada em Daniel 8.15-27, em que ele fala ao profeta Daniel a respeito do fim dos tempos. A segunda, diz respeito a grandiosa revelação escatológica (as setenta semanas proféticas concernentes a Israel, em Dn 9). A terceira, trata do seu aparecimento ao sacerdote Zacarias, anunciando o nascimento de Joao Batista: "Eu sou Gabriel, que assisto diante de Deus, e fui enviado a falar-te estas alegres novas" (Lc I.19). A quarta, ocupa-se do anúncio do nascimento de Jesus a Maria: "No sexto mês, foi o anjo Gabriel enviado, da parte de Deus, para uma cidade da Galileia, chamada Nazaré, a uma virgem... a virgem chamava-se Maria" (Lc 1.26,27).

4.5.2 Arcanjos

A palavra "arcanjo" (gr. archangelos) significa "anjo principal". O prefixo "arch" sugere tratar-se de um anjo chefe, principal ou poderoso. Na Bíblia Sagrada, mais precisamente em Judas v.9 e I Tessalonicenses 4.16, aparecem a menção de apenas um arcanjo: Miguel. Seu nome em hebraico significa: "Quem é como Deus:", talvez para representar uma resposta a Lúcifer, cujo coração se elevou dizendo: *"Serei semelhante ao Altíssimo"* (Is 14.14). Assim, Miguel, acrescido do vocábulo "arcanjo" (Jd v. 9), denota que nenhum ser criado pode ser "semelhante a Deus". Quanto ao possível número de Arcanjos, aponta Brunelli (2016) há uma forte corrente entre os estudiosos da Bíblia que alega haver apenas um arcanjo: Miguel. Embora a Bíblia cite apenas um arcanjo, é possível que possa haver outros.

O Arcanjo Miguel assume uma posição proeminente na hierarquia angelical. Ele é o anjo responsável pela nação de Israel. Nos eventos escatológicos, citados no Apocalipse de João, Miguel e seus anjos aparecem lutando e prevalecendo contra o Dragão (Satanás) e seus anjos: *"E houve batalha no céu; Miguel e os seus anjos batalhavam contra o dragão, e batalhavam o dragão e os seus anjos; mas não prevaleceram, nem mais o seu lugar se achou nos céus"* (Ap 12.7,8).

4.5.3 Querubins

O nome Querubim origina-se do hebraico kerub, cujo significado é "guardar", "cobrir". Parece que os querubins constituem uma categoria ainda mais elevada de anjos relacionados com os propósitos retributivos e redentores de Deus para com o homem (Gn 3.24; Êx 25.22). No hebraico, querubim é um vocábulo correlato com um verbo acadiano que significa "bendizer", "louvar", "adorar". Os querubins estão diretamente ligados à santidade de Deus e à sua adoração (Êx 25.20,22; 26.31; Nm 7.89; 2 Sm 6.2; I Rs 6.29,32; 7.29; 2 Rs 19.15; I Cr 13.6; Sl 80.1; 99.1; Is 37.16; Ez 1.5-26; 9.3; 10.1-22; 11.22). Eles exercem, também, diferentes funções, como aponta Gaby (2015, p.455):

> Os querubins receberam a missão de guardar a entrada do jardim do Éden, como guardiães da santidade de Deus (Gn 3.24). As Sagradas Escrituras dizem que Deus está entronizado acima dos querubins, ou que Ele viaja com os querubins (Sl 18.10; Ez 10.1-22). Havia dois querubins de ouro sobre a arca da aliança, com suas asas estendidas sobre a arca. "Ali, virei a ti e, de cima do propiciatório, do meio dos dois querubins que estão sobre a arca do Testemunho, falarei contigo acerca de tudo o que eu te ordenar para os filhos de Israel" (Êx 25.22; v. 18-21).

Tanto em Ezequiel (1; 10) e no Apocalipse (4), os querubins são apresentados como "seres viventes". Mesmo que alguns estudiosos façam distinção entre os querubins e os seres viventes, tudo indica que se trata mesmo dos querubins.

4.5.4 Serafins

O vocábulo "serafim" origina-se da raiz hebraica *sarap*, que quer dizer: "ardentes", devido ao fogo; fogo do Senhor. Os serafins são mencionados somente em Isaías 6.2-7. Pouco se sabe acerca desses elevados seres angelicais. De acordo com Gaby (2015, p.455), "Acredita-se que constituem a ordem mais elevada de anjos e que a característica que os distingue é um flamejante amor a Deus. No texto em apreço, aparecem acima do trono do Senhor, clamando e proclamando os atributos da santidade do Senhor dos Exércitos".

4.6 Ministério dos Anjos

A Bíblia sempre apresenta os anjos em prontidão para obedecer e cumprir qualquer missão dada por Deus. Nesse aspecto, eles não possuem liberdade para agir, mas, atuam conforme as ordens divinas direcionadas a eles. Gaby (2015, p.463-464), apresenta algumas das missões dos anjos:

Glorificam diretamente a Deus. Em Apocalipse 4.8-11, vislumbramos os quatro seres viventes os quais, provavelmente, representam a totalidade da criação vivente, em adoração incessante, exaltando e louvando a santidade de Deus.

Os anjos glorificam a Deus pelo que Ele é em si, pela sua excelência (Jo 38.7; Sl 103.20; 148.2; Is 6.2,3; Lc 2.13,14; Hb 1.6; Ap 4.8;). Entre os seres humanos, facilmente subestima-se a importância da adoração. Na acepção divina, é a atividade mais importante diante de Deus. Na Terra, com muita frequência, a adoração a Deus "em espírito e em verdade" é algo que Robert Webber chama de "a joia esquecida".

Os anjos executam desígnios de Deus. Deus governa sobre toda a criação. Os anjos são mensageiros para executar a sua vontade e as suas ordens, segundo o seu querer e propósitos (Sl 103.19-22).

Os Anjos regozijam-se quando um pecador se arrepende. *"Assim vos digo que há alegria diante dos anjos de Deus por um pecador que se arrepende"* (Lc 15.10).

Os anjos são exemplos para nós. Eles nos dão grandes exemplos quanto à sua obediência e adoração, exemplos esses que devemos imitar (Mt 6.10; Is 6.3; Ap 5.11,12).

Eles cumprem as determinações de Deus. Dando ouvidos a voz de sua palavra (Sl 103.20,21). Os anjos estão nas mãos de Deus e exercem sua vontade; Ele os usa de modo semelhante aos ventos e ao relâmpago (Hb 1.7; Sl 104.4).

Questão para Reflexão

Reflita sobre como alguns equívocos acerca da presença e atuação dos anjos estão presentes no ambiente cristão na atualidade.

CAPÍTULO 5

Satanás e os anjos maus

A exemplo dos anjos descritos no capítulo anterior, Satanás e os anjos maus também são seres espirituais criados por Deus, dotados de discernimento moral, elevada inteligência e são desprovidos de corpos físicos. Um dia, eles foram como os anjos bons, contudo, pecaram e perderam o privilégio de servir a Deus. Quando se refere ao estado original de Satanás, Brunelli (2016, p.439) diz: "Eis alguém que foi criado perfeito, mas que deixou seu estado original, decaindo de sua posição, tornando-se o ser mais atrevido e cruel do universo: Satanás. Ele tornou-se inimigo de Deus e, subsequentemente, inimigo do ser criado à Sua imagem e semelhança.

5.1 A rebelião e a queda dos anjos

Segundo Brunelli (2016), no Antigo Testamento, há dois textos clássicos que são aceitos pela maioria dos teólogos como reveladores da origem e da queda de Lúcifer: Ezequiel 28.11-19 e Isaías 14.12-16. O primeiro, na ordem aqui utilizada (Ez 28.11-19), enfatiza mais a sua origem, e o segundo (Is 14.12-16) trata mais da sua queda.

Embora existam muitas discussões sobre a identidade direta de Satanás nesses textos - tendo em vista o seu contexto imediato e das menções feitas ao rei de Tiro, no texto de Ezequiel, e à Babilônia, no texto de Isaías - após uma exegese bíblica que considera os aspectos literários da época, chega-se à conclusão de que, sem sombra de dúvida, ambos os textos fazem menção clara à figura de Satanás.

Há algumas descrições no texto que jamais poderiam aplicar-se a um ser humano mortal. Esse rei de Tiro vivia entre pedras preciosas, era sábio para amealhar riquezas e habilidoso nos negócios (Ez 28.1-5). Não há nada de extraordinário em um rei que vive entre as pedras preciosas e habilidoso nos negócios, contudo, incomum são as declarações a seguir. Deus o declarou mais sábio do que Daniel em desvendar segredos (Ez 28.3). Disse também: *"Perfeito eras nos teus caminhos, desde o dia em que foste criado, até que se achou iniquidade em ti"* (Ez 28.15).

Brunelli (2016, p.441), sublinha que:

> Deus, quando quer fazer referência ao início da vida de alguém, diz: "desde o dia em que nasceste", mas nunca: "desde o dia em que foste criado" Quando o Criador fala da nossa criação, Ele volta ao primeiro homem: Adão foi "formado do pó da terra", nós nascemos, mas esse rei de Tiro foi criado. Por que o texto não diz: "desde o dia em que nasceste?". Porque os anjos não nascem e não procriam; eles foram criados um a um. O quarto ponto é: esse rei é chamado de "querubim ungido". Talvez essa categoria angelical seja a mais elevada de todas. Deus usa a figura do querubim em toda a arte do Templo, com destaque no propiciatório — lugar em que foram postos dois querubins de ouro maciço sobre a tampa da arca.

É a partir do texto de Isaías 14.12 que se conhece o termo Lúcifer. No texto de Isaías, o querubim ungido de Ezequiel aparece como (*Heylel*), que significa "lúcifer" ou "luzeiro", "portador de luz" (Is 14.12). Significa mais precisamente "o que brilha como a luz da manhã". O querubim ungido, o luzeiro, caiu. Ezequiel apontam as causas da queda: *"achou-se iniquidade em ti"* (Ez 28.15); *"elevou-se o teu coração por causa da tua formosura, corrompeste a tua sabedoria por causa do teu resplendor"* (v. 17); *"pela multidão das tuas iniquidades, pela injustiça do teu comércio, profanaste os teus santuários"* (v. 18).

As informações retiradas do livro do profeta Isaías sublinham a altivez dele: *"E tu dizias no teu coração: Eu subirei ao céu, e, acima das estrelas de Deus, exaltarei o meu trono, e, no monte da congregação, me assentarei, da banda dos lados do Norte. Subirei acima das mais altas nuvens e serei semelhante ao Altíssimo"* (Is 14.13-14). Diante de tais atitudes, restou-lhe a queda, a expulsão, como sublinha Brunelli (2016, p.443):

A atitude de Lúcifer abalou o céu e mudou completamente o curso da História. Por causa do seu ato insolente, o inferno foi criado (Mt 25.41). Desejando assumir um lugar que não lhe cabia, em sua fúria egoísta, Satanás persuadiu um expressivo número de anjos; estes se tornaram vítimas do seu desatino, perderam o brilho da glória de Deus e foram lançados nas mesmas trevas densas que ele: "E a sua cauda levou após si a terça parte das estrelas do céu e lançou-as sobre a terra (...)" (Ap 12.4).

5.2 A Natureza de Lúcifer após a queda

Após sua queda, Lúcifer tornou-se absolutamente corrompido, não possuindo nenhuma fagulha de bondade em sua natureza. O ódio que ele nutre contra Deus e sua obra é vastamente evidenciado pelas Escrituras Sagradas. Por esse motivo é chamado, também, de Satanás. O nome "Satanás" é uma palavra hebraica (*satan*) que significa "adversário". Quanto ao seu uso tanto no Antigo como no Novo Testamento, sublinha Gaby (2015, p.464):

> Esse termo é utilizado pela primeira vez no Antigo Testamento em alusão a um anjo de Jeová em Números 22.22. É utilizado, também, em referência a homens (ISm 29.4; Sl 38.20; 71.13; Sl 109.4,6,20). Relacionado com Satanás, o Adversário, o termo aparece, mais de quinze vezes no Antigo Testamento, sendo que, em Zacarias 3.1, o termo satanás é acrescido da expressão descritiva da sua natureza: "para se lhe opor". O termo "adversário", no Novo Testamento, sempre é usado para se referir a Satanás, o adversário de Deus e de Jesus (Mt 4.10; Mc 1.13; 4.15; Lc 4.8; 22.3; Jo 13.27); do povo de Deus (Lc 22.31; At 5.3; Rm 16.20; I Co 5.5; 7.5; 2 Co 2.10; 11.14; 12.7; I Ts 2.18; 5.15; Ap 2.9,13,24; 3.9); e do gênero humano (Lc 13.16; At 26.18; I Ts 2.18; Ap 12.9; 20.7,8).

A Bíblia usa também outros nomes para Satanás. Ele é chamado "Diabo" (somente no Novo Testamento: Mt 4.1; 13.39; 25.41; Ap 12.9; 20.2; et al.), "serpente" (Gn 3.1, 14; 2Co 11.3; Ap 12.9; 20.2), Belzebu (Mt 10.25; 12.24,27; Lc 11.15), "príncipe deste mundo" (Jo 12.31; 14.30; 16.11), "príncipe da potestade do ar" (Ef 2.2) ou "maligno" (Mt 13.19; l Jo 2.13).

Ele é um homicida, mentiroso e pai da mentira (Jo 8.44); um arqui-inimigo declarado de Deus e da sua criatura (1Pe 5.8). Dizer que sua existência é fruto da imaginação e ficção religiosa dos cristãos é ignorar os fatos descritos na Bíblia. Os traços de sua personalidade e intelecto estão atrelados ao pecado e ao engano, pois, ele deu origem ao pecado e prossegue tentando as pessoas a pecarem contra Deus. Quanto ao seu caráter, aponta Gaby (2015, p.468):

> Satanás é presunçoso (Mt 4.4,5) orgulhoso (1Tm 3.6; Ez 28.17) poderoso (Ef 2.2), maligno (Jo 2.4; Lc 8.13; I Pe 5.8; 2 Co 4.4; I Jo 5.19), enganador (Ef 6.11), feroz e cruel (I Pe 5.8). Ele é a causa primária do pecado e é muito astuto (Ap 12.7-11; 2 Co 2.11; Ef 6.11,12; 2 Co 11.14; Jo 8.44; I Jo 3.8; Gn 3.1-5).

5.3 A Atividade de Satanás e dos demônios

Dentre as perversas atividades de Satanás estão, perturbar a obra de Deus (1Ts 2.18), opor-se ao Evangelho (Mt 13.19; 2 Co 4.4), dominar, cegar, enganar e destruir o ser humano (Lc 22.3; 2 Co 4.4; Ap 20.7,8; 1Tm 3.7), afligir e tentar os santos de Deus (1Ts 3.5). Satanás não age sozinho. Ele possui um exército de anjos caídos que atuam juntamente com ele, a fim de realizar os seus intentos maldosos. Wayne Grudem (2012, p.337) aponta que,

> As táticas de Satanás e dos seus demônios são a mentira (Jo 8.44), o engano (Ap 12.9), o homicídio (Sl 106.37; Jo 8.44) e todo e qualquer tipo de ação destrutiva no intuito de fazer as pessoas se afastarem de Deus, rumo à destruição. Os demônios lançam mão de qualquer artifício para cegar as pessoas ao evangelho (2Co 4.4) e mantê-las presas a coisas que as impedem de aproximar-se de Deus (Gl 4.8). Também procuram usar a tentação, a dúvida, a culpa, o medo, a confusão, a doença, a inveja, o orgulho, a calúnia, ou qualquer outro meio para obstruir o testemunho e a utilidade do cristão.

Os demônios são seres espirituais da maldade que atuam em favor de seu líder maior, o diabo. Eles atuam de forma diversificada, buscando a destruição do maior número de pessoas possíveis. De acordo com Brunelli (2016, p.466):

> Os demônios, por serem espíritos sem corpos, buscam corpos para desfrutar de sensações através deles, bem como para destruí-los. O melhor exemplo para ilustrar este fato é o endemoninhado gadareno. Os demônios que nele agiam cometiam verdadeiras barbaridades: tratava-se de um espírito imundo (Mc 5.2) que habitava entre os sepulcros (Mc 5.3); era extremamente forte; era perigoso (ninguém o conseguia amansar); não dormia nem de dia nem de noite; feria-se com pedras (Mc 5.4,5). Reconheceu Jesus quando o viu (Mc 5.7); identificou-se como legião (Mc 5.9). Reconhecendo a autoridade imbatível de Jesus, o espírito que falava no homem pediu-lhe que não os enviasse para fora daquela província, afinal, a ilegalidade espiritual daquele lugar era propícia para atuação demoníaca (Mc 5.10). Finalmente, os demônios lhe pediram para entrar numa manada de porcos, e Jesus os atendeu. Os porcos se precipitaram no mar e morreram (Mc 5.12,13).

Além desse exemplo do endemoninhado gadareno, o Novo Testamento está repleto de passagens que evidenciam a ação maldosa dos demônios, bem como suas variadas formas de afligirem os seres humanos (cf. Mt 17.16; Mc 9.14-29; Mt 15.21-28; At 16.17-18). Uma dessas formas recorrentes era a enfermidade: Jesus libertou pessoas que eram possuídas de enfermidades causadas por espíritos, como a mulher que andava curvada havia 18 anos (Lc 13.11). Demônios que causavam mudez (Mt 9.32,33); cegueira (Mt 12.22); o jovem lunático (Mc 9.18) etc.

Eles também disseminam doutrinas falsas. O apóstolo Paulo previne os crentes quanto às doutrinas de demônios que seriam abundantes nos últimos tempos: *"Mas o Espírito expressamente diz que, nos últimos tempos, apostatarão alguns da fé, dando ouvidos a espíritos enganadores e a doutrinas de demônios"* (1 Tm 4.1). Brunelli (2016, p.468) sublinha que tais doutrinas,

> estão espalhadas no âmbito religioso e até mesmo dentro de igrejas evangélicas. De vez em quando, surge algum modismo teológico que encanta os incautos, e gera divisões

no Corpo de Cristo. Isso sem nos estendermos para os conceitos filosóficos da nova moralidade que atingem a vida pública através de leis que contrariam os princípios naturais e éticos compatíveis com o pensamento cristão.

5.4 O limite para as ações dos demônios

Satanás e seu exército podem atuar de forma variada e perspicaz, contudo, nunca atuam de forma livre e ilimitada. Se assim não fosse, certamente, o mundo estaria em um estado caótico e de destruição geral. As Escrituras Sagradas ressaltam que eles não podem transpor as ordens e permissões dadas por Deus em qualquer ocasião, como aponta Gaby (2015, p.46):

> Satanás somente pode tentar (Mt 4.1), afligir (I Ts 3.5), matar (Jo 2.6), e tocar no crente com a permissão de Deus. Quando a Bíblia Sagrada declara que Satanás é o príncipe deste mundo (Jo 12.31; 14.30; 16.II) e que ele é o deus deste século (2 Co 4.4), ela não quer dizer que Satanás é o dono absoluto do mundo, pelo seu próprio poder e querer, porque "do Senhor e a terra e a sua plenitude; o mundo e aqueles que nele habitam" (Sl 24.1). Toda autoridade no céu e na terra pertence a Deus, o Criador, o qual delegou-a ao seu Filho unigênito Jesus Cristo (Mt 28.18). O que a Palavra de Deus ensina é que Satanás está no controle do mundo ímpio, das instituições e pessoas que estão completamente alienadas de Deus. Esse poder e influência exercidos por Satanás são limitados e temporários (Ap 12.12; 20.10).

A história de Jó deixa bem claro que Satanás só podia fazer o que Deus lhe permitia, nada mais (Jó 1.12; 2.6). Grudem (2012, p.338) sublinha que,

> Depois de rebelar-se contra Deus, eles já não têm o poder que tinham quando eram anjos, pois o pecado é uma influência debilitante e destruidora. O poder dos demônios, embora significativo, é, portanto, provavelmente menor que o dos anjos. No campo do conhecimento, *não devemos pensar que os demônios conseguem prever o futuro, ler a nossa mente ou conhecer os nossos pensamentos.* Em muitas passagens do Antigo Testamento, o

Senhor se distingue como o Deus verdadeiro, em oposição aos falsos (demoníacos) deuses das nações, pelo fato de só ele conhecer o futuro: "Eu sou Deus, e não há outro semelhante a mim; que desde o princípio anuncio o que há de acontecer e desde a antiguidade, as coisas que ainda não sucederam" (Is 46.9-10).

Somente Deus conhece e sonda os nossos pensamentos (Gn 6.5; Sl 139.2, 4, 23; Is 66.18). Não há nenhuma indicação que de que anjos ou demônios possam conhecê-los.

5.5 O destino de Satanás e dos demônios

Nos Evangelhos Sinóticos há registros de um constante conflito entre as forças do bem e as forças do mal. Diante de tal conflito, somos informados, também, da autoridade de Jesus sobre os espíritos malignos, autoridade que é compartilhada com seus discípulos (Lc 9.1; 10.17). O chefe dos demônios já foi julgado e receberá sua sentença (Lc 10.18; Ap 20.10). Isso também quer dizer que todos os seus súditos também estão condenados à derrota final.

Acerca de sua derrocada final, Lewis Sperry Chafer (2008, p.475-478) aponta que contra Satanás há, pelo menos, três juízos progressivos que podemos distinguir sua origem, natureza e julgamento: "*1. Satanás será lançado sobre a terra.* (Ap. 12.7-12; 13.1 ss; 20.1 ss; cf. Is. 14.12; Lc. 10.18). *2. Satanás será acorrentado no abismo* (Ap. 20.1-3,7). *3. A condenação final de Satanás após o Milênio* (Ap. 20.10).

O destino de Satanás é irrevogável, pois está sob sentença de condenação (Is 14.15), sob uma maldição (Gn. 3.14,15) e, por isso, será expulso (Ap. 12.7-9), será amarrado no abismo (Ap 20.1-3) e, finalmente, ficará preso eternamente no lago de fogo (Ap 20.10).

Questão para Reflexão

Reflita sobre como conhecer os aspectos ligados à natureza, ação e o destino final de Satanás e dos demônios, nos ajudam a estar preparados contra as forças do mal.

UNIDADE III

A Doutrina do Homem, do Pecado e da Salvação

Nesta unidade, estudaremos em conjunto, as Doutrinas do Homem, do Pecado e da Salvação. Na antropologia bíblico-teológica, estudamos a relação do homem com Deus, como ser criado em relação com a criação, bem como com o próximo e consigo. Em Hamartiologia, a Doutrina do Pecado, estudamos como o pecado surgiu, e como ele interferiu e interfere, de forma direta, no estado original do Homem criado por Deus e em sua relação tanto com Deus, com a criação e com o seu próximo. Na Doutrina da Salvação, abordamos o caminho utilizado por Deus para redimir o ser humano de seu estado pecaminoso, ou seja, lidamos com os aspectos salvíficos, adquiridos através da vida e obra de Jesus Cristo, na cruz do Calvário.

Esta Unidade está dividida em cinco capítulos. No primeiro capítulo, estudaremos a Doutrina do Homem. No segundo capítulo, estudaremos sobre Tricotomia, Dicotomia e Monismo. No terceiro capítulo, aprenderemos sobre a Doutrina do Pecado. No quarto capítulo, trataremos da Doutrina da Salvação. E, no quinto capítulo, falaremos sobre as Teorias da Expiação.

CAPÍTULO 1

A Doutrina do Homem (Antropologia)

A Palavra Antropologia deriva de dois termos gregos: *Antropos* (άντρωπος), ser humano, humanidade e *Logos* (λόγος), estudo. Dentro de nosso estudo, faremos uma distinção entre Antropologia científica e Antropologia bíblico-teológica. A Antropologia bíblico-teológica estuda a relação do homem com Deus, como ser criado em relação com a criação, com o próximo e consigo. A Antropologia científica tem como objetivo estudar o homem por suas características físicas, sua relação com o seu habitat, suas culturas e crenças, formas de interação social, biológica e religiosa.

3.1 Criação de Deus

Deus é retratado nas suas Escrituras como o Deus criador. Criar é sinônimo de expressar propósitos. Deus, portanto, é retratado na Bíblia como um Ser com propósitos, como sublinha, Timothy Munyon (2020). O autor ressalta que a doutrina da criação e da antropologia teológica deve se perguntar pelo propósito de Deus na criação, haja vista que, conhecendo tal propósito, conseguiremos perceber a intrínseca ligação entre o propósito de Deus para a humanidade e o propósito de Deus para sua criação global. Para ele,

> Há, portanto, uma unidade indissolúvel entre os ensinos da Bíblia a respeito de Deus, da criação do Universo e da criação e natureza da humanidade. A unidade provém do propósito de Deus na criação. E o propósito de Deus para a sua criação, mais especificamente para a humanidade, é captado na bem conhecida confissão: "O fim principal do homem é glorificar a Deus e desfrutá-lo para sempre" (MUNYON, 2020).

Deus não "precisava" criar a humanidade, Ele não estava solitário e o fez para amenizar sua solidão. A Bíblia diz que o propósito da Criação é glorificar a Deus, pois Ele tudo criou para a sua própria glória:

> Nele, digo, em quem também fomos feitos herança, havendo sido predestinados, conforme o propósito daquele que faz todas as coisas, segundo o conselho da sua vontade; Com o fim de sermos para louvor da sua glória, nós os que primeiro esperamos em Cristo; (Ef 1,11-12).

A relevância da nossa vida é revelada por Deus, pois, como lembra-nos Grudem (2012), "não precisava nos criar, e que não precisa de nós para nada, poderíamos concluir que nossa vida não tem a menor importância. Mas as Escrituras nos dizem que fomos criados para glorificar a Deus, indicando que somos importantes *para o próprio Deus*". O sentido e o propósito da vida do cristão é fazer tudo para a glória de Deus (1Co 10,31).

1.2 O Homem à imagem e semelhança de Deus

O homem é visto como a coroa da Criação de Deus. Seu *status* é elevado em relação aos outros elementos da Criação. Ao ser humano foi concedido o domínio e cuidado de toda a obra divina, sua posição é destacada entre as demais obras de Deus.

No sexto dia da Criação Deus "modelou" o homem com suas próprias mãos:

> Façamos o homem a nossa imagem, conforme a nossa semelhança; e domine sobre os peixes do mar, e sobre as aves dos céus, e sobre o gado, e sobre toda a terra, e sobre todo réptil que se move sobre a terra. E criou Deus o homem a sua imagem; a imagem de Deus o criou; macho e fêmea os criou. E Deus os abençoou e Deus lhes disse: Frutificai, e multiplicai-vos, e enchei a terra, e sujeitai-a; e dominai sobre os peixes do mar, e sobre as aves dos céus, e sobre todo o animal que se move sobre a terra (Gn 1.26-28).

Além da posição de destaque na obra da Criação, Deus destinou ao ser humano Sua "imagem" e "semelhança". Enquanto os animais foram criados "segundo suas espécies", o ser humano foi criado à "imagem" e "semelhança" de Deus. Segundo Grudem (2012), dizer que o homem foi criado à "imagem de Deus" significa que ele é semelhante a Deus e o representa". Mas, de que forma o homem é semelhante a Deus?

Muito se tem cogitado acerca dessa afirmação. Alguns atribuíram a semelhança do homem com Deus aos aspectos físicos, ou seja, pelo fato da Bíblia descrever a Deus em forma humana (olhos, boca, ouvidos, mãos, pés etc.), a "imagem de Deus no homem" seria a imagem física, uma postura "ereta, ou vertical, do esqueleto do ser humano" (LIMA, 2015, p.248). Entretanto, aponta Brunelli (2016, p.16),

> todas estas conotações não passam de antropomorfismos para descrever os movimentos de Deus numa linguagem humana; contudo, não é realmente isso que o termo "imagem de Deus" quer dizer, mesmo porque a Bíblia é categórica em afirmar que Deus é Espírito (Jo 4.24).

Como entender, então, a *imago Dei* no seu humano? Além da hipótese citada acima, muitas outras teorias ocuparam os teólogos durante a história da Igreja. Alguns cogitaram que a "imagem de Deus" consiste na capacidade intelectual do homem; outros, no poder de tomar decisões, morais e voluntárias; e outros, aponta Grudem (2012, p.364), "à pureza moral do homem, ou ao fato de termos sido criados homem e mulher (ver Gn 27), ou ao domínio humano sobre a terra".

Millard J. Erikson relata a existência de, pelo menos, três formas de entender a natureza da imagem: substantiva, relacional e funcional. A concepção substantiva seria entender que,

> a imagem consiste em certas características da própria natureza da raça humana, características que podem ser físicas ou psicológicas e espirituais; a relacional considera a imagem não como algo inerente ou intrinsecamente presente na humanidade, mas como a vivência de um relacionamento entre os homens e Deus ou entre dois ou mais homens; Por fim, alguns pensam que a imagem e, não algo que os homens são ou vivenciam, mas algo que eles fazem. Essa e a concepção funcional (1992, p.217).

Diante das três concepções, Erickson (1992) ressalta que, em todas elas, existem inconsistência, haja vista que, nas Escrituras, não há afirmações claras para resolver a questão, mas, que a concepção da imagem como relacionamento e como uma função são consistentes no trato com a ideia da imagem de Deus no ser humano.

A universalidade da mensagem, segundo o autor, desautoriza a concepção relacional, pois, "em que sentido pode-se dizer que os que estão vivendo em total indiferença para com Deus, ou mesmo em rebelião hostil contra ele, são a imagem de Deus (ou nela estão)?; quanto à concepção funcional, se a imagem de Deus no ser humano está no ato da dominação, a imagem de Deus se tornou consequência da imagem e não a imagem em si. Por fim, Erickson sugere que o problema da concepção substancial não está nela em si, mas na ênfase em determinados aspectos que seus defensores apontam.

Da mesma forma Munyon (2020), enfatiza que a imagem de Deus "pertence à nossa natureza moral-intelectual-espiritual. Explicando melhor: a imagem de Deus na pessoa humana é algo que somos, e não algo que temos ou fazemos". Lima (2015), fala de uma semelhança natural e semelhança moral com Deus. A semelhança natural é a pessoalidade, uma vez que Deus é uma pessoa, o homem é uma pessoa como Deus. Essa visão corrobora com a oferecida por Strong (2003, p.89), que acentua:

> O homem foi criado um ser pessoal e é esta pessoalidade que o distingue do irracional. Pessoalidade é o duplo poder de conhecer a si mesmo relacionado com o mundo e com

Deus e determinar o eu com vista aos fins morais. Em virtude desta pessoalidade o homem pode, na criação escolher qual dos objetos de seu conhecimento - o eu, o mundo, ou Deus - deve ser a norma e o centro de seu desenvolvimento. Esta semelhança natural com Deus é inalienável e, constituindo uma capacidade para a redenção, valoriza a vida até mesmo dos não regenerados (Gn. 9.6; 1 Co. 11.7; Tg. 3.9).

Como ser pessoal o homem tem inteligência, vontade e emoções. Imagina, projeta, inventa. Quanto à semelhança moral, Lima (2015) acentua o estado de santificação do homem antes da queda, uma tendência à retidão e justiça (Ec 7,29; Ef 4,24; Cl 3,10). Para Strong (2003, p.91), "além de possuir os poderes naturais, a imagem de Deus envolve a posse das tendências para a moral correta". Assim, a imagem de Deus no homem refere-se à imagem moral e espiritual, bem como a imagem natural à semelhança de Deus.

Millard J. Erickson (1992, p.222-224) resume a ideia de imagem e semelhança de Deus no ser humano em seis pontos:

> 1. A imagem de Deus é universal em toda a raça humana. Adão, o primeiro homem, o homem universal, não apenas uma simples parte da raça humana, foi feito a imagem de Deus.
> 2. A imagem de Deus não se perdeu em consequência do pecado ou, especificamente, da queda. Nesse caso, a imagem de Deus não é algo acidental ou externo a natureza humana. E algo inseparavelmente ligado a humanidade.
> 3. Não há indicação de que a imagem esteja presente em maior grau numa pessoa que em outra. Dotes naturais superiores, tais como inteligência elevada, não são provas da presença ou gradação da imagem.
> 4. A imagem não está relacionada com nenhuma variável. Por exemplo, não há nenhuma declaração direta que ligue a imagem com o desenvolvimento de relações, nem que a faça depender do exercício do domínio. As declarações em Genesis 1 simplesmente dizem que Deus resolveu fazer o homem conforme sua imagem e assim fez. Isso parece anteceder qualquer atividade humana.
> 5. Em face das considerações anteriores, a imagem deve ser entendida como algo principalmente substantivo ou estrutural. A imagem é algo localizado na própria natureza

dos homens, na maneira pela qual são formados. Ela diz respeito ao que *somos,* não ao que *temos* ou *fazemos.* Em contraste, o foco da concepção relacional e funcional está, na realidade, sobre as consequências ou aplicações da imagem, não na imagem em si.

6. A imagem diz respeito aos elementos que, na constituição dos seres humanos, permitem-lhes o cumprimento de seu destino. A imagem consiste nas aptidões da personalidade que fazem com que cada ser humano seja, como Deus, capaz de interagir com outras pessoas, pensar e refletir, e possuir livre arbítrio.

É digno de destaque o segundo ponto destacado por Erickson, ou seja, que por ocasião da queda do homem, do pecado, o homem não perdeu a imagem de Deus. Contudo, é importante sublinhar que a imagem de Deus no homem, depois da queda, está corrompida, distorcida, e o homem não é tão semelhante ao criador, como no estado antes da queda. Segundo Grudem (2012, p.365),

> Sua pureza moral se perdeu, e seu caráter pecaminoso certamente não espelha a santidade de Deus. Seu intelecto está corrompido pela falsidade e pelo engano; suas palavras já não glorificam continuamente a Deus; seus relacionamentos muitas vezes são controlados pelo egoísmo, já não pelo amor, e assim por diante. Embora o homem ainda seja à imagem de Deus, em cada aspecto da vida alguns elementos dessa imagem foram distorcidos ou perdidos.

Assim, para o homem recobrar sua semelhança com Deus é necessário a redenção em Cristo. Esse tema será tratado na unidade seguinte. Agora, entretanto, precisamos tratar da "essência do Ser humano".

Questão para Reflexão
Pense sobre como a graça de Deus é extraordinária e nos criou à sua imagem e semelhança.

CAPÍTULO 2

Tricotomia, Dicotomia e Monismo

É de comum acordo que possuímos um corpo. Alguns aceitam a ideia de que o ser humano possui uma parte imaterial, uma "alma" que seria "imortal". Há, entretanto, uma outra concepção de ser humano que crê que além do "corpo" e da "alma", temos uma terceira parte que integra o ser humano, o "espírito". É evidente, portanto, que não há um consenso quanto às partes que constituem o ser humano. Alguns grupos sugerem uma compreensão bipartida do ser humano, outros tripartida e, por fim, alguns sugerem um olhar para o ser humano como uma unidade indivisível e radical. Essas propostas são classificadas como Monismo, Dicotomismo e Tricotomismo.

2.1 O Monismo
O *Monismo* considera impossível pensar o ser humano composto de partes divisíveis, (corpo, alma e espírito ou corpo e espírito) mas concebe o ser humano como pessoa. Segundo o Monismo bíblico, os termos que aparecem na Bíblia, que são usados para distinguir a natureza do ser humano, devem ser considerados sinônimos. Segundo Erickson (1992, p.230),

De acordo com o monismo, ser homem é ser ou possuir um corpo. A ideia de que, de alguma forma, o homem pode existir a parte do corpo e impensável. Por conseguinte, não há possibilidade de existência desencarnada após a morte. A imortalidade da alma e completamente inaceitável. Portanto, não só deixa de existir alguma possibilidade de uma vida futura a parte da ressurreição do corpo, mas também se exclui qualquer tipo de estado intermediário entre a morte e a ressurreição.

A posição monista negligência, assim, as principais passagens bíblicas acerca da composição do ser humano, bem como anula a possiblidade de vida após a morte, algo que é exaustivamente enfatizado no texto bíblico.

2.2 O Dicotomismo

O *Dicotomismo* pensa o ser humano possuindo duas naturezas, a material e a imaterial. Os dicotomistas consideram sinônimas as passagens que se referem ao ser humano possuindo alma e espírito, ou seja, quando a Bíblia se refere a alma está falando da natureza imaterial do ser humano, assim como quando fala do espírito está falando da mesma natureza imaterial do ser humano.

Portanto, na visão dicotomista, o homem é composto de corpo e alma-espírito. Os termos "alma" (heb. *nephesh* e gr. *psychê*) e "espírito" (heb. *rüach* e gr. *pneuma*) aparecem de forma intercambiável em algumas passagens bíblicas, afirmam os dicotomistas. Alguns exemplos podem ser destacados: Em João 12.27, diz Jesus: *"Agora, está angustiada a minha alma"*, enquanto num contexto muito parecido, no capítulo seguinte, João diz que Jesus *"angustiou-se [...] em espírito"* (Jo 13.21). Do mesmo modo, lemos as palavras de Maria, em Lucas 1.46-47: *"A minha alma engrandece ao Senhor, e o meu espírito se alegrou em Deus, meu Salvador"*.

Em algumas situações em que se refere à morte física, as Escrituras afirmam que a "alma" parte, e, em outras ocasiões, o "espírito":

> Quando da morte de Raquel, diz a Bíblia: "Ao sair-lhe a alma (porque morreu)..." (Gn 35.18). Elias ora para que a "alma" da criança morta volte ao corpo (1Rs 17.21), e Isaías prediz que o Servo do Senhor derramaria "a sua alma [heb. nephesh] na morte" (Is 53.12). No Novo Testamento, Deus diz ao rico insensato: "Esta noite te pedirão a tua alma [gr.

psychê]" (Lc 12.20). Por outro lado, às vezes a morte é tida como o retorno do espírito a Deus. Por isso Davi ora, em palavras mais tarde citadas por Jesus na cruz: "Nas tuas mãos entrego o meu espírito" (Sl 31.5; cf. Lc 23.46). Na morte, "o espírito volte a Deus, que o deu" (Ec 12.7).5 No Novo Testamento, na hora da sua morte, Jesus, "inclinando a cabeça, rendeu o espírito" (Jo 19.30) e, do mesmo modo, Estêvão orou antes de morrer: "Senhor Jesus, recebe o meu espírito!" (At 7.59) (GRUDEM, 2012).

Em suma, "tudo aquilo o que se diz que a alma faz, diz-se que o espírito também faz; e tudo que se diz que o espírito faz, diz-se que a alma também faz" (GRUDEM, 2012, p.391).

2.3 Tricotomismo

O *Tricotomismo* pensa o ser humano de forma tripartida. Essa é uma visão bem popular entre os protestantes, em especial entre os pentecostais (BRUNELLI, 2016). A diferença entre a posição dicotomista e tricotomista está no fato de que a segunda entende que há uma distinção entre *alma* e *espírito*, mesmo que, em certas passagens, haja uso simultâneo dos termos. Para Brunelli (2016, p.52):

> "Mente" e "sopro" não são a mesma coisa. O uso corrente que se faz misturando os termos não implica que não haja entre eles algumas peculiaridades distintas no Novo Testamento, principalmente em textos que falam da nova natureza do crente, bem como dos que tratam dos dons do Espírito.

E sugere exemplos de como essa diferenciação aparece nas Escrituras:

> O termo *espírito* é usado livremente para indicar a parte imaterial do homem (cf. 1 Co 5.3; 6.20; 7.34; Tg 2.26); assim o termo alma é usado da mesma maneira (cf. Mt 10.28; At 2.31; 1 Pe 2.11)". O próprio Deus é descrito como alma e como espírito: "Eis aqui o meu Servo, a quem sustento, o meu Eleito, *em quem* se compraz a minha alma; pus o meu Espírito sobre ele; juízo produzirá entre os gentios" (Is 42.1); *"Porventura,* por estas coisas não os visitaria? - diz o Senhor; ou não se

vingaria a minha alma de gente tal como esta?" (Jr 9.9); "Eis aqui o meu servo que escolhi, o meu amado em quem a minha alma se compraz; porei sobre ele o meu Espírito, e anunciará aos gentios o juízo" (Mt 12.18); "Mas o justo viverá da fé; e, se ele recuar, a minha alma não tem prazer nele" (Hb 10.38).

É de suma importância deixar claro que não podemos tratar o homem de forma compartimentalizada. Nenhuma das partes do ser humano vive de forma isolada do todo. A condição espiritual da pessoa não pode ser tratada, como atesta Erickson (1992), independentemente da condição física ou psicológica. Diante dessa complexidade,

> os diferentes aspectos da natureza humana devem ser atendidos e respeitados. Não se deve depreciar o corpo, as emoções ou o intelecto. O evangelho e um apelo a pessoa inteira. E significativo que Jesus, em sua encarnação, tornou-se plenamente humano, pois ele veio para redimir tudo o que somos (ERICKSON, 1992, p. 233).

2.4 Corpo, Alma e espírito e suas funções

2.4.1 Alma

A "alma", do hebraico נֶפֶשׁ (*Nephesh*), e do grego ψυχή (*psichê*), corresponde ao intelecto, bem como as vontades e as emoções do ser humano. A alma condensa toda a parte emocional e intelectual do homem, como atesta Brunelli (2016, p.52):

> A alma é a vida espiritual do homem. É o princípio inteligente, consciente e pensante do homem. Nela estão presentes a vontade, as razões e os sentimentos que geram a inclinação, tanto para o bem quanto para o mal. A alma, portanto, é tanto cognitiva quanto emotiva. A mente — sede dos pensamentos e do conhecimento (lado cognitivo) — tanto pode relacionar-se com o sagrado (Rm 7.25) quanto com as impurezas do pecado, fazendo-se inimiga de Deus (Rm 8.7 ARA).

No Antigo Testamento, o termo "alma" (nephesh) pode ser identificado como a própria vida ou "pessoa" total: *"a alma que pecar, essa morrerá"* (Ez 18.4); sangue ou vida (Dt 12.23,24); *"Todas as almas, pois, que descenderam de Jacó foram setenta almas; José, porém, estava no Egito"* (Êx 1.5; cf. Rm 13.1). Mas, em sentido teológico, é compreendida como a sede das emoções e dos sentimentos, como atestado anteriormente: *"A minha alma está profundamente triste até a morte"* (Mc 14.34). A alma se entristece. "É a parte sensível da vida do ego, a sede das emoções — do amor (Ct 1.7), do anseio (Sl 36.62) e da alegria (Sl 86.4)" (LIMA, 2015, p. 272).

2.4.2 Espírito

Espírito, do hebraico רוח (*Ruah*) e do grego πνεῦμα (*pneuma*), significa literalmente "sopro", "vento" (BRUNELLI, 2016). O texto clássico que corresponde a essa leitura é Gênesis, em que o espírito é o princípio criador de Deus. Timothy Munyon (2020), sublinha que,

> O termo ruach é "espírito", encontrado 387 vezes no Antigo Testamento. Embora o significado básico seja "ar em movimento", "vento", "sopro", "hálito", ruach também denota "a totalidade da consciência imaterial do homem" (Pv 16.32; Is 26.9). Em Daniel 7.15, ruach está contido no seu invólucro, o "corpo".

No Novo Testamento, o espírito é compreendido como a parte imaterial que, juntamente com a alma, formam o "homem interior". É a distinção do homem psíquico e espiritual, o "novo homem", "nova criatura": *"Por isso, não desfalecemos; mas ainda que o nosso homem exterior se corrompa, o interior, contudo, se renova de dia em dia"* (2 Co 4.16); *"Porque, segundo o homem interior, tenho prazer na lei de Deus"* (Rm 7.22).

O espírito funciona como um canal de comunicação e intimidade com Deus; é através do espírito que O conhecemos. O Espírito Santo de Deus se relaciona diretamente com o espírito do homem que passa pela regeneração, – uma vez que o homem não regenerado não consegue se relacionar com Deus, mesmo possuindo o espírito nele – como sublinhado por Brunelli (2016, p.60):

> Na regeneração, ele assume o seu lugar e, à medida que cresce, passa a ter domínio sobre o ser total. Não é possível

ao homem natural compreender as coisas do Espírito de Deus, mas ao homem espiritual é: "Ora, o homem natural não compreende as coisas do Espírito de Deus, porque lhe parecem loucura; e não pode entendê-las, porque elas se discernem espiritualmente" (1 Co 2.14).

O espírito é o agente que impulsiona o homem para se relacionar com Deus, anelando pelo encontro com seu Criador. É, portanto,

> Por meio do espírito, o homem se relaciona com Deus. É no espírito do homem que o Espírito Santo vem fazer morada; afinal: ambos são da mesma substância. O apóstolo Paulo faz uma pergunta e ele mesmo responde: "Que farei? Orarei com o espírito, mas também orarei com o entendimento; cantarei com o espírito, mas também cantarei com o entendimento" (1 Co 14.15) (BRUNELLI, 2016, p.61).

2.4.3 Corpo

O corpo é importantíssimo na visão tricotômica de ser humano. É através do corpo que o ser humano expressa suas emoções e sua espiritualidade. A palavra grega σῶμα (*soma*) tem uma gama de interpretações no mundo grego, mas, nas Escrituras, expressa a dimensão física do ser humano.

Outro termo grego σάρξ (*sarx*, carne), é utilizado, especialmente, nas epístolas paulinas, para a demonstração da dimensão pecaminosa do homem. Se, por meio do corpo, os homens expressam suas emoções, alegria, tristeza, dor, dentre outros, também, é por meio dele, que o homem expressa seu pecado:

> Não reine, portanto, o pecado em vosso corpo mortal, para lhe obedecerdes em suas concupiscências; nem tampouco apresenteis os vossos membros ao pecado por instrumentos de iniquidade; mas apresentai-vos a Deus, como vivos dentre os mortos, e os vossos membros a Deus, como instrumentos de justiça (Rm 6.12,13).

Daí, as expressões recorrentes na literatura paulina "carnal", "carnalidade", "homem carnal". O Apóstolo Paulo constantemente alerta suas comunidades da importância de viverem uma vida espiritual, pois esse é o caminho de crescimento de todo crente: *"E eu, irmãos, não vos pude falar como a espirituais, mas como a carnais, como a meninos em Cristo... porque ainda sois carnais, pois havendo entre vós inveja, contendas e dissensões, não sois, porventura, carnais e não andais segundo os homens?"* (1 Co 3.1,3).

Entretanto, da mesma forma que o corpo é apresentado como instrumento propício ao pecado, a Bíblia fala do corpo como morada do Espírito Santo, templo de Deus; ele está sujeito ao espírito do homem (Mt 26,41), que se estiver sujeito ao Espírito Santo é, portanto, o lugar da habitação de Deus. Por isso o Apóstolo Paulo enfatiza:

> ... Mas o corpo não é para a prostituição, senão para o Senhor, e o Senhor para o corpo... Não sabeis vós que os vossos corpos são membros de Cristo? Tomarei, pois, os membros e fá-los-ei membros de uma meretriz? Não, por certo. Ou não sabeis que o que se ajunta com a meretriz faz-se um corpo com ela? Porque serão, disse, dois uma só carne... Fugi da prostituição. Todo pecado que o homem comete é fora do corpo; mas o que se prostitui peca contra o seu próprio corpo (1 Co 6.13,15,16,18).

Esse mesmo corpo corruptível será transformado, por ocasião do arrebatamento da Igreja, e será adaptado à dimensão espiritual, e teremos um corpo incorruptível:

Num momento, num abrir e fechar de olhos, ante a última trombeta; porque a trombeta soará, e os mortos ressuscitarão incorruptíveis, e nós seremos transformados. Porque convém que isto que é corruptível se revista da incorruptibilidade, e que isto que é mortal se revista da imortalidade. E, quando isto que é corruptível se revestir da incorruptibilidade, e isto que é mortal se revestir da imortalidade, então cumprir-se-á a palavra que está escrita: Tragada foi a morte na vitória. (1 Co 15,52-54)

Questão para Reflexão
Vimos, nesse capítulo, a importância da plena compreensão das partes que compõem os seres humanos. Contudo, reflita sobre a necessidade de compreender os seres humanos de forma integrada.

CAPÍTULO 3

Doutrina do Pecado (Hamartiologia)

O termo "hamartiologia" deriva de dois vocábulos da língua grega: *hamartia* e *logos*, os quais significam "estudo acerca do pecado". O termo é aplicável ao pecado, seja este considerado um ato, seja considerado um estado ou uma condição. O sentido do termo é que o pecado é um desvio do fim (ou propósito) estabelecido por Deus para determinado fato ou conduta humana.

A condição do homem antes da queda era de total santidade e intimidade com Deus. Deus havia criado todas as coisas, inclusive o homem, e considerado tudo bom (Gn 1,31). Como vimos anteriormente, o homem foi criado à imagem e semelhança de Deus, foi dotado de atributos e benefícios por parte de Deus. Nos primeiros capítulos do livro de Gênesis encontramos um jardim regado de beleza e o suficiente para a subsistência do homem (Gn 1-2).

É comum chamar este estado do homem primordial como "estado de inocência", como sugere Brunelli (2016, p.88):

O termo "inocência" vem do latim, cujo significado é: *in*, "não" ou "isento de", e *nocens*, "nocivo". Assim, inocente significa "não nocivo" ou "que não faz mal". Do mesmo modo como uma criança ingênua, simples e pura, no seu caráter, não conhece a maldade, Adão não conhecia o mal e, quando se deparou com ele pela primeira vez, não soube como lidar, ainda que Deus o criara maduro.

Esse estado original inicial é perdido – não sabemos quanto tempo durou esse estado – no momento em que o homem seduzido pela proposta de "ser igual a Deus" comeu, juntamente com sua esposa, Eva, o fruto proibido por Deus. A transgressão de Adão é classificada como "queda", justamente porque ela tem consequências catastróficas para a sua posteridade, ou seja, a transgressão de Adão atinge toda a humanidade.

3.1 A Origem do Pecado

O nosso estudo deve começar tentando responder algumas perguntas-chave, a saber, De onde veio o pecado? Como ele penetrou no Universo? Em primeiro lugar, precisamos afirmar, tacitamente, que Deus não pecou, e, consequentemente, não deve ser culpado pelo pecado. Como aponta Grudem (2012, p. 405):

> Foi o homem quem pecou, os anjos quem pecaram, e nos dois casos o fizeram por escolha intencional e voluntária. Culpar a Deus pelo pecado seria blasfemar contra o caráter de Deus. "Suas obras são perfeitas, porque todos os seus caminhos são juízo; Deus é fidelidade, e não há nele injustiça; é justo e reto" (Dt 32.4). Abraão pergunta com verdade e força nas palavras: "Não fará justiça o juiz de toda a terra?" (Gn 18.25). E Eliú diz com justiça: "Longe de Deus o praticar ele a perversidade, e do Todo-Poderoso o cometer injustiça" (Jó 34.10). De fato, para Deus é impossível sequer desejar a injustiça: "Deus não pode ser tentado pelo mal e ele mesmo a ninguém tenta" (Tg 1.13).

Como atestado na segunda unidade deste guia didático, a primeira manifestação do pecado se deu na esfera angelical. Do ponto de vista pentecostal, esses textos falam do pecado iniciado entre os anjos e pelo principal deles, Lúcifer (Is 14.12-14; Ez 28.12-17). Elienai Cabral (2015, p. 312), aponta que:

> O que fica claro e que o pecado foi originado por Satanás. Ele pecou antes de Adão e Eva quando se apresentou na forma de uma serpente para tentar Eva (Gn 3.1-6; 2 Co 11.3). Jesus declarou que Satanás e homicida "desde o princípio" (Jo 8.44; I Jo 3.8). A expressão "desde o princípio" não quer dizer que este ser angélico foi sempre mau. Seu primeiro estado era de santidade. A expressão "desde o princípio" indica no contexto da história da criação que Ele se fez opositor do Deus trino desde o início da criação do mundo.

O pecado entra na vida da humanidade através de Adão e Eva, conforme o texto de Gn 3.1-19. Este trecho do livro de Gênesis descreve como o pecado adentrou na humanidade, através de um ser espiritual, materializado em uma serpente, com o intuito de enganar o homem e a mulher no Éden.

O relato de Gênesis sublinha que o homem e a mulher foram criados "bons" e inseridos no Éden para desfrutarem das dádivas oferecidas por Deus naquele jardim. Mas, se deixaram levar pelo engano diabólico da serpente e desobedeceram a ordem de Deus de não comerem do fruto da "árvore do conhecimento do bem e do mal". Por isso, aponta Cabral (2015, p.314), o pecado de Adão foi um ato pessoal,

> Uma vez que o homem preferiu obedecer ao seu "eu", pervertendo sua própria vontade, também, tornou-se responsável pelas consequências de sua transgressão. Ele adquiriu uma natureza corrompida e afetou universalmente toda criatura na terra. Seus atos pecaminosos e suas disposições são frutos de seu estado corrupto inato.

3.2 O Pecado Original

A transgressão de Adão reverbera em toda a humanidade. O pecado é universal, não se limita a alguns indivíduos ou grupos, mas a todos. O Apóstolo Paulo em Romanos 3 diz: *"Não há justo, nem um sequer, não há quem entenda, não há quem busque a Deus; todos se extraviaram, a uma se fizeram inúteis;*

*não há quem faça o bem, não há nem um sequer" (*v. 10-12); *"todos pecaram e carecem da gloria de Deus"* (v.23).

A "queda" de Adão distorceu a imagem de Deus no homem. Como sublinha Elienai Cabral (2015) o homem perdeu sua pureza inicial, seu estado de santidade; seu caráter foi afetado; tornou-se o ser humano pecaminoso. Seu intelecto foi corrompido pela mentira, pela falsidade e pelo engano. Disse o sábio, em Eclesiastes, que Deus fez o homem reto, mas ele se envolveu em muitas astúcias (7.29).

Somos considerados culpados, por causa de Adão. Quando Adão pecou, Deus considerou toda a sua posteridade como pecadora, mesmo antes de nossa existência. Wayne Grudem (2012, p.407), aponta que:

> Que todos os membros da raça humana estavam representados por Adão no tempo da provação no jardim do Éden. Como representante nosso, Adão pecou, e Deus nos considerou culpados tanto quanto Adão. (Um termo técnico às vezes usado para explicar isso é imputar, com o significado de "considerar pertencente a alguém, e assim fazer pertencer a esse alguém"). Deus considerou que a culpa de Adão pertencia a nós, e como Deus é o juiz supremo de todas as coisas do universo, e como seus pensamentos são sempre verdadeiros, a culpa de Adão de fato pertence a nós. Deus, com justiça, imputou a nós a culpa de Adão.

Assim, falamos de uma universalidade do pecado, uma corrupção da natureza humana herdada de Adão. O ser humano é impulsionado a pecar, devido à sua natureza pecaminosa, o pecado é inescapável pois a consequência do pecado adâmico é a morte, sendo que essa se dá nas esferas física e espiritual (Ef 2,1-5).

Há, contudo, diferentes maneiras de expressar as consequências do pecado sobre a natureza humana. João Santos (2018, p. 120), aponta pelo menos três:

> A primeira nega que a capacidade para o bem e para a obediência em Deus foi verdadeiramente afetada pelo pecado; segundo ela, a principal consequência da queda sobre a natureza humana foi a introdução do mau exemplo ao mundo. A segundo afirma que nossa capacidade para a obediência e santidade foram corrompidas e

obstruídas, mas de modo algum destruídas; segundo ela, a principal consequência do pecado foi que nos tornamos concupiscentes, seres com uma disposição ao pecado. A terceira afirma que nada em nós existe pelo qual possamos buscar a Deus ou obedecê-lo; segundo ela nos tornamos totalmente depravados, totalmente incapazes de alcançar a salvação por nós mesmos.

A primeira opção é classificada como "Pelagianismo". Pelágio foi um monge britânico que pregava que o pecado de Adão não tinha influência, nem efeito direto no ser humano, caso tivesse, seria apena um mau exemplo (ERIKSON, 1992). Segundo a pregação de Pelágio, o homem tem a capacidade de colocar seu esforço para fazer o bem e cumprir os mandamentos de Deus, sem pecar.

A segunda opção é classificada como "Semipelagianismo". O semipelagianismo sustenta a capacidade que o ser humano, mesmo sendo acometido da fraqueza advinda da natureza pecaminosa adâmica, consegue, por intermédio da razão, praticar a bondade. A concupiscência seria o único obstáculo na busca por Deus, uma vez que o corpo deseja unir-se aos prazeres ilícitos e dar vazão à sua natureza pecaminosa.

A terceira opção é classificada como "Depravação total", e é afirmada pelas igrejas protestantes tradicionais, e pela maioria das igrejas evangélicas. Atesta que o homem é incapaz de buscar a Deus, devido sua sujeição ao pecado. Não é uma negação da racionalidade do homem, mas sublinha a necessidade do auxílio do Espírito Santo de Deus para que o homem tome consciência de sua natureza e aceite o Evangelho para que chegue à salvação.

3.3 As consequências do Pecado

Indiscutivelmente, o pecado trouxe uma enxurrada de consequências ao Universo. Elienai Cabral (2015, p.323-325), destaca pelo menos seis consequências drásticas do pecado que atingem os seres humanos e a vida na Terra:

1) *O pecado desfigurou a imagem divina do homem.* Adão não perdeu completamente a imagem divina porque, em parte, permaneceram nele os elementos de pessoalidade dessa imagem, na sua alma e no seu espírito. Porém, esses elementos da imagem foram desfigurados pelo pecado.

2) *O pecado deu origem a um estado pecaminoso que afetou toda a raça humana.* O

efeito da Queda arraigou-se tão profundamente na natureza humana, que Adão, como pai da raça humana, transmitiu a seus descendentes a tendencia ou inclinação para pecar. Neste aspecto toda criatura humana é pecadora porque adquiriu a imagem degenerada e década de seu pai.

3) *O pecado acarretou punições naturais e físicas na vida do homem.* São punições de ordem física que resultam em doenças, dores e sofrimentos ao homem. Não se trata de punições imediatas a qualquer prática de pecado, mas se trata daquelas doenças impregnadas na terra, no ar e nas águas. Essas punições naturais resultam da "maldição do pecado" no nosso planeta.

4) *O pecado gerou um contínuo conflito moral e espiritual entre corpo e alma de cada criatura humana.* Tão logo o homem pecou, entranhou-se em seu ser um conflito entre sua natureza superior, expressa por alma e espírito, e sua natureza inferior, manifesta através do corpo. O homem se encontrou dividido em si mesmo, e sua natureza física e inferior, tornou-se frágil e subjugada aos poderes do pecado (Rm 7.24).

5) *O pecado despertou a consciência do homem.* Diz o texto literalmente: *"Então, foram abertos os olhos de ambos, e conheceram que estavam nus, e coseram folhas de figueira, e fizeram para si aventais"* (Gn 3.7). Na verdade, quando os seus olhos foram abertos, os olhos de suas almas, olhos do interior, uma forte convicção de que haviam desobedecido a Deus lhes sobreveio. Quando já era demasiado tarde, compreenderam a loucura de haver comido do fruto proibido por Deus.

6) *O pecado trouxe ao homem a punição da morte física.* Paulo declarou que *"por um homem entrou o pecado no mundo e, pelo pecado, a morte"* (Rm 5.12). A palavra "morte", *thanatos* (gr.), significa separação das partes física e espiritual do ser humano. Indiscutivelmente, a separação de corpo e alma faz parte da penalidade imediata do pecado. A Bíblia diz que *"o salário do pecado é a morte"* (Rm 6.23).

O Apóstolo Paulo torna latente a natureza pecaminosa do homem, com o objetivo de tornar latente a obra de Jesus Cristo. É por meio de Jesus Cristo que o homem tem sua culpa substituída, pois se o legado de Adão foi a morte, o legado de Jesus é a salvação (BRUNELLI, 2016, p.187):

> Porque, se pela ofensa de um só, a morte reinou por esse, muito mais os que recebem a abundância da graça e do dom da justiça reinarão em vida por um só, Jesus Cristo. Pois assim como por uma só ofensa veio o juízo sobre todos os homens para condenação, assim também por um só ato de justiça veio a graça sobre todos os homens para justificação

de vida (Rm 5.17,18).

Questão para Reflexão
Reflita sobre como a desobediência adâmica acarretou variadas consequências para a sua posteridade.

CAPÍTULO 4

A Doutrina da Salvação (Soteriologia)

Soteriologia é a área da Teologia Sistemática que trata da Salvação. O termo Soteriologia vem do grego σωτήρια(*soteria*, salvação), que trata dos aspectos salvíficos, através da vida e obra de Jesus Cristo. Essa salvação oferecida por Cristo é abrangente, não se trata apenas do livramento do inferno, como atesta Antônio Gilberto (2015, p.334), "a salvação abarca todos os atos e processos redentores, bem como transformadores da parte de Deus para com o ser humano e o mundo (isto é, a criação), através de Jesus Cristo, nesta vida e na outra (Rm 13.1 I; Hb 7.25; 2 Co 3.18; Ef 3.19)". O que é salvação, então?

> É tudo o que Jesus realizou e ensinou para levar uma raça pecadora a comunhão com um Deus santo. Trata-se da redenção do ser humano do poder do pecado (I Pe 1.18,19). E, ainda, a libertação do cativeiro espiritual (Rm 8.2). E a saída do pecador dentre o poder das trevas do pecado (Cl 1.13). E, finalmente, e o retorno do exilio espiritual do pecador para Deus (Ef 2.13). Isso e salvação em resumo

(GILBERTO, 2015, p.338).

Se é unânime a afirmação que a salvação vem por intermédio de Jesus Cristo, não há um consenso quanto à participação dos seres humanos no processo salvífico, ou seja, quem é o participante ativo que torna a salvação um fato? Parte de Deus a busca para salvar-nos, ou o homem é quem busca a Deus? Ou, há uma cooperação, tanto de Deus, como do homem, no processo de salvação?

Há proponentes para as duas definições, a primeira sublinha a exclusividade de Deus no processo, restando para o homem apenas receber os benefícios da salvação oferecida por Ele; a segunda, afirma que Deus estabelece algumas coisas, mas deixa a livre escolha do ser humano, cabendo ao homem a interação conjunta no processo salvífico. A primeira visão soteriológica é chamada de "Monergismo" e, a segunda visão soteriológica é chamada de "Sinergismo".

4.1 Monergismo
O Calvinismo é o grupo que pode ser utilizado como exemplo da visão soteriológica monergista. Assim, nos dedicaremos a apresentar o calvinismo como sistema representante da soteriologia monergista.

4.1.1 Calvinismo
O Calvinismo deve seu nome ao reformador francês João Calvino (1509-1564). As cinco teses centrais propostas por Calvino no que diz respeito à salvação são: 1) Depravação total; 2) Eleição incondicional; 3) Expiação limitada; 4) Graça irresistível e; (5) A perseverança dos santos; os cinco pontos formam o acróstico na língua inglesa: TULIP.

> 1) **Depravação Total "T":** Como sublinhado anteriormente, a doutrina da Depravação total afirma que o homem é incapaz de buscar a Deus devido sua sujeição ao pecado. Não é uma negação da racionalidade do homem, mas sublinha a necessidade do auxílio do Espírito Santo de Deus para que o homem tome consciência de sua natureza e aceite o Evangelho e chegue à salvação;
> 2) **Eleição incondicional "U":** É a ideia de que Deus, na eternidade, determinou aqueles que seriam salvos, seus eleitos. O fez, previamente, sem levar em consideração qualquer decisão ou escolha humana; o processo passa,

inteiramente, pelo decreto divino: salvar os eleitos e condenar os demais à perdição (Rm 9,15);

3) **Expiação Limitada "L"**: A morte expiatória de Cristo se restringe aos eleitos. Em Cristo, só há salvação para uma parcela (eleitos) da humanidade, Ele executa uma "redenção particular" (BRUNELLI, 2016).

4) **Graça Irresistível "I"**: Segundo o Calvinismo, a graça salvadora jamais será rejeitada pelo indivíduo, uma vez que há em seu interior uma força que lhe obriga a responder positivamente ao chamado salvífico. Os eleitos se converterão sem levar em consideração qualquer circunstância e vontade própria.

5) **Perseverança dos Santos "P"**: É a afirmação tácita que os eleitos serão preservados na salvação, sem danos a ela, tampouco sua possível rejeição e perda. É, portanto, impossível que os eleitos (verdadeiros salvos) percam a salvação. Uma vez salvo, salvo para sempre.

De acordo com Santos (2018), existem duas principais escolas calvinistas que se separam pela questão da predestinação, a saber, o supralapsarianismo e o infralapsarianismo. A questão não se baseia na negação da predestinação, mas quando ela acontece, ou seja, se antes ou depois de decretar a queda do homem. No supralapsarianismo, afirma Santos (2018, p. 128):

> 1) Deus decreta que será glorificado, eternamente, por sua misericórdia, ao criar algumas criaturas que serão salvas, e, glorificando, eternamente, por sua justiça, ao criar outras criaturas que serão castigadas;
> 2) Deus decreta que criará os seres humanos, cada um já enquadrado no destino final que o aguarda: os eleitos para a salvação, os réprobos para a condenação;
> 3) Deus não pode, porém, criar criaturas sem pecado e então condená-las. Por isso, Deus decreta que a queda da humanidade ocorrerá, pela qual todos os seres humanos se tornarão pecadores.
> 4) Deus decreta que Jesus Cristo será o mediador por cuja morte os pecados dos eleitos serão redimidos, e que por sua graça eles sem dúvida serão salvos.

No infralapsarianismo os decretos de Deus são:

> 1) Deus decreta que criará a humanidade em sua imagem, pura e sem pecado;
> 2) Deus decreta que a queda ocorrerá, tornando todos os homens culpáveis perante Ele;
> 3) Deus decreta que alguns dos seres humanos pecadores são poupados do castigo eterno, e elege-os para a salvação;
> 4) Deus decreta que Jesus Cristo seria o mediador por cuja morte os pecados dos eleitos serão redimidos, e que por sua graça eles sem dúvida serão salvos.

É latente a distinção entre os dois sistemas: No primeiro, Deus predestina tantos os eleitos para a salvação, como os réprobos para a condenação; há, portanto, uma "dupla-predestinação". E, esse processo acontece antes da queda do homem no Éden. No segundo, não há a predestinação dos réprobos, apenas dos eleitos.

4.2 Sinergismo

Como atestado anteriormente, a visão soteriológica sinergista propõe a cooperação do ser humano no processo salvífico. O "Arminianismo" será objeto de análise, como exemplo de visão soteriológica sinergista, uma vez que é a visão que agrega o maior número de denominações cristãs, tanto católicas (ortodoxa e romana), como protestantes.

4.2.1 Arminianismo

O Arminianismo deve seu nome ao seu principal expoente, Jacob Armínio (1560-1609), teólogo holandês, natural de Oudewater, que se contrapôs as principais doutrinas calvinistas, em especial, da "graça irresistível" e "eleição incondicional" (BRUNELLI, 2016).

Os pontos principais do Arminianismo foram redigidos por quarenta e seis seguidores de Armínio em 1610, nove anos após a morte dele. O documento ficou conhecido como *Remonstrância*, e são enumerados em cinco doutrinas básicas:

> 1) **Depravação Total:** Assim como no calvinismo, no Arminianismo o homem é considerado incapaz de por sua própria vontade buscar à Deus e por sua salvação. A diferença está no decreto de Deus (Calvinismo), e na decisão livre de Adão e Eva no Éden (Arminianismo).

2) **Eleição condicional:** No calvinismo, a eleição (predestinação) é dupla, ou seja, Deus destina os eleitos para a salvação e os réprobos para a condenação; no Arminianismo, Deus predestina, segundo seu conhecimento prévio de nossas decisões (SANTOS, 2018). No Arminianismo, a eleição é corporativa, e não individual, ou seja, "à luz de Romanos 8,29, Armínio entende que Deus predestina para a Salvação os que creem e predestina para a condenação os que não creem. A predestinação é para grupo e não para indivíduo isoladamente, é corporativa, não individual; no sentido corporativo, é incondicional; enquanto, no sentido individual, a salvação é condicional" (BRUNELLI, 2016).

3) **Expiação ilimitada:** Cristo morreu por todos, não apenas para os eleitos. Este é um dos pontos de divergências entre o calvinismo e o arminianismo. Para sustentar sua posição de eleição incondicional, o calvinismo afirma que a morte expiatória de Cristo é restrita aos eleitos, fato que é duramente criticado pelo arminianismo como uma afirmação antibíblica, como aponta Brunelli,

> Além da ampla fundamentação bíblica, a expiação *ilimitada* está firmemente baseada nos atributos de Deus, especialmente na sua onibenevolência. A Bíblia afirma que Ele é Todo-amoroso, e, como ser que é Todo-amoroso, Deus, necessariamente, ama a todos. A expiação *limitada* (em geral) alega que Deus ama somente os eleitos de forma salvífica, como também odeia os não eleitos. Logo, a *onibenevolência de Deus é incompatível com a expiação limitada.*" (GEISLER, p.283 apud BRUNELLI, 2016, p.275)

4) **Graça Preveniente:** Em resposta à graça irresistível calvinista, Armínio propôs a "graça preveniente". A graça preveniente é a operação do Espírito Santo atraindo as pessoas e gerando a fé em Cristo (SANTOS, 2018). É nítida a concepção de que o ser humano nada pode fazer para criar fé em si mesmo, carecendo da ação do Espírito Santo (desde que não o impeçamos) para produzir fé em nós.

5) **Perseverança dos Salvos:** Na visão soteriológica arminiana, os salvos precisam constantemente da operação do Espírito Santo em nós, a fim de nos preservar na fé. Como a salvação está condicionada à fé em Cristo, aponta Santos (2018, p.133), "se perdermos essa fé, perderemos a salvação". Isso não é um sinal de que a salvação pode ser perdida facilmente, ou por conta de um pecado apenas, mas de uma longa e persistente caminhada de endurecimento do coração. Essa leitura é sustentada por várias passagens bíblicas que apontam, tanto à certeza da salvação, e, ao mesmo tempo, textos que exigem cuidado e preservação da mesma. Segundo Brunelli (2016), o crente pode perder a salvação (1Tm 1,19-20); por apostatar da fé (Hb 6,4-6; bem como textos que apontam à necessidade de permanecer em Cristo (Hb 4,1; Cl 1,21-23; 1Jo 2,24-26; Rm 11,20-22; Gl 5,4).

Em relação aos decretos divinos, Armínio apresenta seu esquema atrelado à predestinação condicional, baseado no texto de Rm 8,29: *"Porque os que dantes conheceu, também os predestinou para serem conformes à imagem de seu Filho, a fim de que ele seja o primogênito entre muitos irmãos"*. Assim, propõe o que ele chama de "Meus próprios ensinamentos a respeito da predestinação" (BRUNELLI, 2016, p.265):

> 1) O primeiro decreto absoluto de Deus sobre a salvação do pecador é aquele pelo qual decretou nomear Seu Filho Jesus Cristo mediador, redentor, salvador, sacerdote e rei (...).
>
> 2) O segundo decreto exato e absoluto de Deus é aquele pelo qual decretou que receberia, em favor, *aqueles que se arrependessem e cressem* e que em Cristo (...) se cumpriria a salvação dos penitentes e dos crentes que perseverassem até o fim; mas que deixaria em pecado e sob a ira *todos os impenitentes e incrédulos* e os condenaria pela alienação a Cristo.
>
> 3) O terceiro decreto divino é aquele pelo qual Deus decretou que administraria *de modo suficiente e eficaz* os meios que eram necessários ao arrependimento e à fé (...);
>
> 4) Depois desses, segue-se o quarto decreto pelo qual Deus decretou a salvação ou a perdição das pessoas. Esse

decreto se fundamenta na presciência de Deus, pela qual, desde a eternidade, Ele sempre soube quais os indivíduos que, pela graça preveniente, *creriam* e, pela graça subsequente, *perseverariam*.

Questão para Reflexão

Nesse capítulo falamos acerca das duas principais visões acerca do processo de Salvação, a saber, a Monergista e a Sinergista. Reflita sobre os detalhes que as diferenciam.

CAPÍTULO 5

Teorias da Expiação

A doutrina da expiação trata da obra reconciliadora de Cristo, da crença que a morte de Jesus na cruz removeu de nós a culpa por nossos pecados e fechou o abismo que, por milênios, separou a humanidade de Deus; a morte de Cristo na Cruz foi o grande momento de reconciliação entre Deus e a humanidade (SANTOS, 2014).
Se, por um lado, há consenso, no que diz respeito à centralidade de Cristo como mediador entre Deus e o homem, não se pode dizer o mesmo, quando o assunto é porque sua morte foi necessária, bem como Ele, exatamente, realizou a reconciliação.

5.1 Teoria Sociana da Expiação
Essa teoria rejeita qualquer ideia de uma suposta satisfação vicária. Segundo Fausto e Lino Socino, a morte de Jesus preenche duas necessidades humanas, a saber,

> Em primeiro lugar, preenche a necessidade de um exemplo daquele amor total por *Deus que* precisamos demonstrar para experimentar a salvação. Em segundo lugar, a morte de Jesus nos inspira. O ideal do amor total por Deus é tão elevado que parece virtualmente inatingível. A morte

de Jesus é prova de que tal amor pertence a esfera das realizações humanas. Aquilo que ele conseguia fazer, nos também conseguimos! (ERICKSON, 1992, p.320).

Em resposta aos diversos textos bíblicos que falam da morte de Jesus como sacrifício, resgate, expiação, dentre outros, os socianos sugerem que essas passagens são apenas referências metafóricas. O que Jesus fez, ensinou, e, em especial, morrendo na cruz, é tomado como um exemplo para os seus seguidores, seu efeito é psicológico, uma vez que demonstra a possibilidade de viver uma vida que agrade a Deus.

5.2 Teoria do Resgate

Essa teoria gozou de muito prestígio na Igreja primitiva, adentrando pela era medieval. Seu prestígio se estabeleceu por causa da influência de Agostinho, cuja compreensão da expiação era essa forma básica (ERICKSON, 1992). Essa visão baseia-se numa compreensão de batalha cósmica entre as forças do bem e do mal, onde Deus e Satanás disputam o governo do mundo e da humanidade. Numa das versões dessa teoria, Deus não pôde salvar a humanidade porque as almas dos seres humanos pertenciam a Satanás. Assim, era necessário o pagamento do resgate para o maligno, mediante a morte de Cristo,

> Filho de Deus, o homem perfeito, que nunca pecou e, portanto, o único homem sobre o qual a morte não tem poder, três dias após a crucificação Jesus se libertou dos ferrolhos da morte e logo depois ascendeu à destra do Pai. Assim, a humanidade foi liberta do poder do pecado e da morte, e Satanás, ludibriado nessa troca, ficou de mãos vazias" (SANTOS, 2014, p.108).

Se a morte de Jesus, constantemente, é representada nas Escrituras como um sacrifício, teríamos que afirmar, a partir dessa teoria, que o sacrifício de Cristo foi oferecido a Satanás, bem como todos os demais sacrifícios no Antigo Testamento, se referem, portanto, a sacrifícios destinados à satisfação do maligno. Contudo, a Bíblia enfatiza, constantemente, que, tanto os sacrifícios no Antigo Testamento, quanto o de Cristo, foram oferecidos a Deus.

5.3 Teoria da Satisfação

Essa teoria ressalta que Cristo morreu para satisfazer a um princípio da natureza de Deus, contrapondo a ideia de satisfação a Satanás. O expoente dessa teoria foi Anselmo de Cantuária. Ele aponta para a honra de Deus, que foi manchada por conta do pecado. A honra de Deus, portanto, deveria ser restaurada de alguma forma, mas, como, uma vez que o ser humano não pode fazer? Segundo Erickson (1992, p.325),

> só Deus podia fazer a satisfação. Contudo, a fim de que valesse para nós, homens, no relacionamento com Deus, era preciso que fosse feita por um ser humano. Assim, a satisfação precisava ser oferecida por alguém que fosse tanto Deus como homem. Por conseguinte, a encarnação e uma necessidade logica.

Assim, Jesus sendo, tanto Deus quanto homem, ofereceu sua vida em sacrifício a Deus, em favor da raça humana, pagou nossa dívida, satisfazendo o Pai e proporcionando salvação a toda a humanidade.

5.4 Teoria da Expiação Penal e Substitutiva

A Teoria da Expiação Penal e Substitutiva é um desenvolvimento da Teoria da Satisfação. João Calvino corrobora com as ideias de Anselmo, entretanto aponta duas inovações. Calvino sugere que o ser humano não atenta contra a honra de Deus, como sugerido por Anselmo, mas, contra a justiça de Deus. "Deus é como um Juiz, e nós somos os réus" (SANTOS, 2018, p.141). O que causa ira em Deus não é ter sua honra manchada, mas, seu profundo senso de justiça. Por ser justo exige que o pecado seja castigado.

Daniel B. Pecota (2020, p.343), sublinha que a Teoria da Expiação Penal corrobora com a Bíblia, no que diz respeito a obra expiatória de Cristo:

> O Novo Testamento jamais emprega a expressão "substituição penal", mas de todas as teorias esta parece representar mais adequadamente os ensinos da Bíblia. Leva a sério a Bíblia, que retrata a santidade e a justiça de Deus expressa na sua ira judicial. Considera plenamente o que a Bíblia diz a respeito de nossa depravação e a consequente incapacidade de nos salvarmos. Aceita literalmente as declarações que dizem

tipologicamente (no sistema sacrificial), profeticamente (nas predições diretas) e historicamente (no registro do Novo Testamento) que Cristo "tomou o nosso lugar".

O Apóstolo Paulo, em sua epístola aos Romanos, escreve:

> Porque todos pecaram e destituídos estão da glória de Deus; Sendo justificados gratuitamente pela sua graça, pela redenção que há em Cristo Jesus. Ao qual Deus propôs para propiciação pela fé no seu sangue, para demonstrar a sua justiça pela remissão dos pecados dantes cometidos, sob a paciência de Deus; Para demonstração da sua justiça neste tempo presente, para que ele seja justo e justificador daquele que tem fé em Jesus (Rm 3:23-26).

A cruz demonstra a justiça de Deus, mas expressa seu amor e misericórdia para conosco, pois ofereceu seu Filho como sacrifício por nós. Como aponta Erickson (1992, p. 339-340), quando captamos a obra de Cristo por nós, em toda sua complexidade, entendemos que:

> 1. A teoria da substituição penal confirma o ensino bíblico da depravação total de todos os homens. Deus não chegaria ao extremo de levar seu precioso Filho a morte se isso não fosse absolutamente necessário. Somos completamente incapazes de suprir nossa necessidade.

> 2. A natureza de Deus não possui uma faceta única e também não há nenhuma tensão entre seus diferentes aspectos. Ele não é apenas justo e exigente, não apenas amor e doação. Ele é justo, tanto que foi preciso prover um sacrifício pelo pecado. Ele é amor, tanto que ele mesmo proveu tal sacrifício.

> 3. Não há outro meio de salvação, se não pela graça e, especificamente, pela morte de Cristo. Ela possui um valor infinito e cobre os pecados de toda a humanidade de todos os tempos. Um sacrifício finito, por contraste, nem pode cobrir plenamente os pecados do indivíduo que o oferece.

4. Há segurança para o crente em seu relacionamento com Deus, pois a base desse relacionamento, a morte sacrificial de Cristo, e completa e permanente. Embora nossos sentimentos possam mudar, a base de nosso relacionamento com Deus permanece inabalável.

5. Nunca devemos menosprezar a salvação que temos. Embora seja gratuita, e também cara, pois custou a Deus o sacrifício extremo. Precisamos, portanto, sempre ser gratos pelo que fez; precisamos amá-lo em retribuição e emular seu caráter doador.

5.5 Ordo Salutis
Walter Brunelli (2016, p. 321) resume o que se compreende por *Ordo Salutis:*

> A *Ordo Salutis,* proveniente da expressão alemã *Heilsaneignung* e da holandesa *Heilsweg,* aplicada comumente na linguagem teológica em sua forma latina *Ordo Salutis,* significa "ordem da salvação" porque busca descrever uma ordem lógica na qual ocorre o processo da salvação.

É importante sublinharmos que a salvação é um processo, compreende uma ordem (não cronológica) que o ser humano experimenta na transição do seu estado pecaminoso para o estado pleno de salvação.

Os diversos grupos cristãos organizam essa ordem de diferentes maneiras, embora haja similaridades entre alguns grupos, devido às diversas compreensões acerca dos elementos que compõem a salvação, não há um consenso acerca da *ordo salutis.* Santos (2014, p.92) apresenta as diferenças entre a *ordo salutis* católica e *ordo salutis* luterana, bem como da *ordo salutis* calvinista e arminiana:

Catolicismo	Luteranismo
1. Predestinação (eleição condicional)	1. Predestinação (eleição incondicional)
2. Expiação	2. Expiação
3. Graça (O pecador é chamado ao arrependimento)	3. Graça (O chamado do pecador, a obra eficaz do Espírito Santo sobre o pecador)
4. Fé (racional) e arrependimento	4. Fé (fiducial) e arrependimento
5. Regeneração (batismal)	5. Regeneração (batismal)
6. Justificação progressiva / santificação	6. Justificação (imputada) união com Cristo
7. Penitência	7. Santificação
8. Purgação	8. Perseverança (condicional) dos santos
9. Glorificação	9. Glorificação

O ponto de partida de ambos os processos é a predestinação; no catolicismo, a eleição é condicional, sinergista, já no luteranismo, é incondicional, monergista. No terceiro passo, vemos uma ênfase do Espírito Santo, por parte dos luteranos; no quarto passo, aponta Santos (2014, p.93), as divergências tornam-se mais drásticas, pois "enquanto a teologia luterana considera o momento em que a fé é concedida ao pecador como o momento da conversão, a partir da qual o pecador já é salvo, a teologia católica define a regeneração como o momento da salvação". Nos passos seguintes, a ênfase católica se direciona aos sacramentos, atrelada às obras e à extrema-unção, como fundamentais para a salvação eterna do crente.

Vejamos o quadro da *ordo salutis* do calvinismo e arminianismo, proposto por Santos (2014, p. 94):

Calvinismo	Arminianismo
1. Predestinação (eleição incondicional)	1. Predestinação (eleição condicional)
2. Expiação (limitada)	2. Expiação (universal)
3. Graça (irresistível)	3. Graça (preveniente)
4. Regeneração	4. Fé e arrependimento
5. Fé e arrependimento	5. Justificação
6. Justificação, união com Cristo	6. Regeneração
7. Santificação	7. Santificação
8. Perseverança (incondicional) dos santos	8. Perseverança (condicional) dos santos
9. Glorificação	9. Glorificação

Como pudemos ver, a diferença entre a *ordo salutis* calvinista e a *ordo salutis* arminiana é a utilização dos termos, ou seja, seus significados. Como atestado anteriormente nesse capítulo, a diferença entre as duas visões soteriológicas encontra-se na participação do ser humano no processo salvífico. Assim, de acordo com o sistema (monergista ou sinergista), a ordem dos passos será alterada.

Questão para Reflexão

Faça um resumo das diferenças entre as teorias: Teoria Sociana da Expiação, Teoria do Resgate, Teoria da Satisfação e Teoria da Expiação Penal e Substitutiva.

UNIDADE IV

A Doutrina do Espírito Santo e da Igreja

Em nossa quarta e última unidade do livro, vamos abordar a Doutrina do Espírito Santo e da Igreja. A doutrina do Espírito Santo é indispensável para a teologia cristã, haja vista que a atuação do Espírito na igreja atual é central, em especial, para as igrejas pentecostais. Ela está, intrinsecamente, ligada à Doutrina da Igreja, haja vista que a era do derramamento do Espírito nasce juntamente com a era da Igreja.

A Igreja é a concretização dos desígnios de Deus concernentes à salvação da humanidade. Ela não é uma realidade em si mesma, mas, a continuidade do ministério terreno de Jesus, cuja tarefa essencial é sinalizar o Reino de Deus na Terra, impulsionada pelo poder testemunhal do Espírito Santo. Suas características essenciais, portanto, passam, tanto pela dimensão humana, quanto divina.

Assim, organizamos esta unidade em cinco capítulos. No primeiro capítulo, estudaremos a Doutrina do Espírito Santo. No segundo capítulo, apresentaremos as principais características da Obra do Espírito Santo. No terceiro capítulo, aprenderemos sobre os nomes e os símbolos do Espírito Santo. No quarto capítulo, trataremos da doutrina da Igreja. E no quinto capítulo, falaremos sobre os propósitos da Igreja.

CAPÍTULO 1

A Doutrina do Espírito Santo (Pneumatologia)

O termo Pneumatologia é a junção de dois vocábulos gregos πνεῦμα (*pneuma*), que significa sopro, vento ou espírito; e λογος (*logos*), palavra, estudo ou discurso. Pneumatologia, portanto, é a doutrina cristã que discorre a respeito do Espírito Santo, terceira pessoa da Trindade.

A doutrina do Espírito Santo é indispensável para a teologia cristã, haja vista que a atuação do Espírito na igreja atual é central, em especial, para as igrejas pentecostais. Erickson (1992, p.344) aponta para a importância dessa doutrina ao demonstrar que, na economia da salvação, o Espírito Santo é a pessoa específica da Trindade "por meio de quem toda a Divindade Triúna atua em nós".

Em muitos momentos na história da Igreja, essa doutrina foi mal compreendida e, até mesmo, obscurecida, contudo, é fundamental que se compreenda o Espírito em sua profundidade, assim como buscamos compreender o Pai e o Filho. Neste capítulo, portanto, buscaremos apresentar, ainda que de forma suscinta, aspectos fundamentais da doutrina do Espírito Santo.

1.1 Quem é o Espírito Santo

A identidade do Espírito Santo foi bastante debatida no cristianismo primitivo. Examinar de perto a natureza do Espírito Santo foi uma das tarefas dos primeiros apologistas cristãos, diante de diversos adversários que contestaram a natureza divina do Espírito Santo. Diversos textos das Escrituras evidenciam a divindade do Espírito Santo, Ele é Deus, juntamente, com o Pai e com o Filho.

A Divindade do Espírito Santo

Como atestado, anteriormente, neste guia didático[4], o Espírito Santo é Deus, assim como o Pai é Deus e o Filho é Deus. Examinaremos, agora, especificamente, as evidências bíblicas que atestam a divindade do Espírito Santo, e textos que demonstram que Ele é como as demais pessoas da Trindade.

Em Atos 5, por ocasião da venda de uma propriedade de Ananias e Safira, há uma afirmação direta do Apóstolo Pedro:

> Disse então Pedro: Ananias, por que encheu Satanás o teu coração, para que mentisses ao Espírito Santo, e retivesses parte do preço da herdade? Guardando-a não ficava para ti? E, vendida, não estava em teu poder? Por que formaste este desígnio em teu coração? Não mentiste aos homens, mas a Deus (At 5,3-4).

O Apóstolo Paulo se refere, tanto ao Espírito Santo, quanto a Deus, fazendo morada dentro do cristão:

> Não sabeis que sois santuário de Deus e que o Espírito de Deus habita em vos? (1Co 3,16).
> Acaso não sabeis que o vosso corpo e santuário do Espírito Santo, que está em vos, o qual tendes da parte de Deus, e que não sois de vos mesmos? (1Co 6,19).

Em outra ocasião, o Apóstolo Paulo faz referência à Santíssima Trindade, invocando-os numa benção, conhecida como "benção

---
4 Ver unidade 1.

apostólica": "A graça do Senhor Jesus Cristo, e o amor de Deus, e a comunhão do Espírito Santo seja com todos vós. Amém." (2 Co 13:14)

No Evangelho de Mateus Jesus ordena aos discípulos que batizem em nome do Pai, do Filho e do Espírito Santo: "Portanto ide, fazei discípulos de todas as nações, batizando-os em nome do Pai, e do Filho, e do Espírito Santo" (Mt 28,19).

Essas passagens bíblicas sugerem que o Espírito Santo é Deus, uma vez que os termos são utilizados, de forma intercambiável, em todos eles; também, nos textos que sugerem invocação e benção às comunidades, uma vez que seria, no mínimo estranho, uma benção em nome de uma criatura.

Digno de nota são as passagens que apresentam o Espírito Santo possuindo os mesmos atributos de Deus. Antônio Gilberto (2015, p.175) nos oferece uma lista exaustiva dessas passagens, organizadas por atributos de Deus:

> 1) **Onipotência:** O divino Consolador tem pleno poder sobre todas as coisas (Sl 104.30). O Espírito Santo tem poder próprio. É dEle que flui a vida, em suas dimensões e sentidos bem como o poder de Deus (Sl 104.30; Ef 3.16; At 1.8).
>
> 2) **Onisciência:** Esta é mais uma evidência da deidade do Espírito Santo, o qual sabe e conhece todas as coisas (I Co 2.10,11). Aos que amam a Deus, o Espírito Santo revela as infinitas e indizíveis bençãos preparadas para os salvos, já nesta vida, e muito mais na outra (I Co 2.9,10). O profeta Isaias, pelo Espírito, profetizou essas maravilhas (64.4; 52.15). Os demais profetas do Antigo Testamento também tiveram a revelação divina dessas coisas miríficas que os santos desfrutarão na glória (I Pe I.10-12). O Espírito também revelou aos escritores do Novo Testamento essas maravilhas consoladoras, inclusive a Paulo (I Co 2.10).
>
> 3) **Onipresença:** O Espírito Santo está presente em todo lugar (Sl 139.7-10; I Co 2.10). Atentemos para duas ênfases contidas nesses textos que evidenciam a onipresença do Espírito: *"Para onde me irei do teu Espírito, ou para onde fugirei da tua face?"* e *"O Espírito penetra todas as coisas, ainda as profundezas de Deus"*.

4) **Eternidade:** Ele é infinito em existência; sem princípio; sem fim; sem limitação de tempo (Hb 9.14). Ele estava presente no princípio, quando todas as coisas foram criadas (Gn 1.1,2).

5) **Outros atributos:** O Espírito de Deus é denominado Senhor (2 Co 3.16-18); é descrito como Criador (Jo 26.13; 33.4; Sl 33.4; 104.3; Gn 1.1,2; Ez 37.9,10); e é classificado e mencionado, juntamente com o Pai e o Filho, o que, claramente, e uma grande evidência da sua divindade.

1.3 A Personalidade do Espírito Santo

O Espírito Santo é um Deus pessoal, não uma força impessoal derivada de Deus, como sugerido por alguns segmentos cristãos. A pessoalidade do Espírito é, exaustivamente, atestada pelas Escrituras. Por pessoalidade, entendemos os atributos de várias categorias que caracterizam uma pessoa, utilizando-os para Deus, com ressalvas, haja vista que não podemos atribuir a Deus sentimentos e emoções como as nossas.

Segundo Walter Brunelli (2016, p. 205), a personalidade reúne "intelecto, sensibilidade e vontade". Ele ainda sublinha os exemplos da pessoalidade do Espírito Santo, propostos por Hodge (sete ao todo):

1) Deriva do uso de pronome pessoais em relação a Ele;

2) As relações que mantemos com Ele só podem ser mantidas com uma pessoa;

3) Ele exerce ofícios que ninguém, senão uma pessoa, pode manter ou exercer;

4) No exercício dessa função e de outras funções, atos pessoais são, na Bíblia, constantemente atribuídos ao Espírito Santo, porque são atos que implicam inteligência, vontade e poder;

5) Inteligência, vontade e subsistência individual são atribuições distintivas;

6) Manifestações pessoais do Espírito, aos descer sobre Cristo depois de seu batismo e sobre os crentes no dia de Pentecostes, envolvem, necessariamente, Sua subsistência pessoal;

7) O povo de Deus sempre considerou Espírito Santo uma pessoa.

1.4 O Espírito Santo possui vontade

O Apóstolo Paulo enfatiza que o Espírito Santo distribui os dons espirituais, de acordo com sua volição: *"Mas um só e o mesmo Espírito opera todas essas coisas, repartindo particularmente a cada um como quer"* (1 Co 12.11). Sua soberana vontade pode ser identificada, também, na intercessão pelos crentes: *"E aquele que examina os corações sabe qual é a intenção do Espírito; e é ele que segundo Deus intercede pelos santos"* (Rm 8.27).

É Ele quem impulsiona, direciona e organiza a obra missionária no cristianismo primitivo, como atestado em Atos dos Apóstolos 15,28-29:

> Na verdade, pareceu bem ao Espírito Santo e a nós, não vos impor mais encargo algum, senão estas coisas necessárias: Que vos abstenhais das coisas sacrificadas aos ídolos, e do sangue, e da carne sufocada, e da fornicação, das quais coisas bem fazeis se vos guardardes. Bem vos vá.

1.5 O Espírito Santo possui sentimentos

Em Romanos 8,26 o Apóstolo Paulo diz que o Espírito Santo intercede por nós diante de Deus, enfatizando, lembra-nos Santos (2016), como Ele o faz: "com gemidos inexprimíveis". Essa passagem expressa o intenso amor que o Espírito Santo sente pela criação de Deus, em especial pela humanidade. Ele é, também, o *parákletos* (Jo 14,16), "Consolador", "Conselheiro"

A Bíblia fala da possibilidade de entristecermos o Espírito Santo, através de pecados cometidos por alguém do Corpo de Cristo:

> Por isso deixai a mentira, e falai a verdade cada um com o seu próximo; porque somos membros uns dos outros. Irai-vos, e não pequeis; não se ponha o sol sobre a vossa ira. Não deis lugar ao diabo. Aquele que furtava, não furte mais; antes trabalhe, fazendo com as mãos o que é bom, para que tenha o que repartir com o que tiver necessidade. Não saia da vossa boca nenhuma palavra torpe, mas só a que for boa para promover a edificação, para que dê graça aos que a ouvem. E não entristeçais o Espírito Santo de Deus, no qual

estais selados para o dia da redenção (Ef 4,25-30).

Os aspectos pessoais destacados acima atestam a intensa interação que o Espírito Santo tem conosco, aspecto que vamos tratar no tópico a seguir.

Questão para Reflexão
Reflita sobre a importância de considerarmos o Espírito Santo como Deus Pessoal, e termos uma íntima relação com Ele.

CAPÍTULO 2

A Obra do Espírito Santo

O Espírito Santo, assim como o Pai e o Filho atuam, conjuntamente, na economia da salvação. Segundo Wayne Grudem (2012, p.530), podemos definir a obra do Espírito Santo como segue: "a obra do Espírito Santo consiste em manifestar a presença ativa de Deus no mundo e em especial na igreja". É nítida a relação do Espírito Santo nos eventos do Antigo Testamento, entretanto, é na era da nova aliança que sua ação é a principal manifestação da Trindade em nós, como sublinha Grudem (2012, p.531):

> Desde o princípio da criação, temos indícios de que a obra do Espírito Santo consiste em completar e sustentar o que Deus Pai planejou e o que Deus Filho começou, pois em Gênesis 1.2, "o Espírito de Deus pairava por sobre as águas". E no Pentecostes, com o início da nova criação em Cristo, é o Espírito Santo quem vem conceder poder à igreja (At 1.8; 2.4, 17-18). Como o Espírito Santo é a pessoa da Trindade por meio de quem Deus manifesta de modo particular sua presença na era da nova aliança, Paulo emprega uma expressão adequada ao referir-se a ele como "primeiros frutos" (Rm 8.23, nvi) e "garantia" (ou "penhor", 2Co 1.22; 5.5) da plena manifestação da presença de Deus

que conheceremos no novo céu e na nova terra (cf. Ap 21.3-4).

No Antigo Testamento, encontramos diversas passagens bíblicas que apontam para a plenitude da manifestação do Espírito Santo nos últimos dias, trazendo bençãos e manifestações poderosas:

> O palácio será abandonado, a cidade populosa ficará deserta [...] até que se derrame sobre nós o Espírito lá do alto\ então, o deserto se tomará em pomar, e o pomar será tido por bosque; o juízo habitará no deserto, e a justiça morará no pomar. O efeito da justiça será paz, e o fruto da justiça, repouso e segurança, para sempre. O meu povo habitará em moradas de paz, em moradas bem seguras e em lugares quietos e tranquilos (Is 32.14-18).
> E dar-vos-ei um coração novo, e porei dentro de vós um espírito novo; e tirarei da vossa carne o coração de pedra, e vos darei um coração de carne. E porei dentro de vós o meu Espírito, e farei que andeis nos meus estatutos, e guardeis os meus juízos, e os observeis (Ez 36,26-27).
> E há de ser que, depois derramarei o meu Espírito sobre toda a carne, e vossos filhos e vossas filhas profetizarão, os vossos velhos terão sonhos, os vossos jovens terão visões. E também sobre os servos e sobre as servas naqueles dias derramarei o meu Espírito (Jl 2,28-29).

2.1 A Obra do Espírito Santo no Crente

O Espírito Santo começa atuando na vida do crente mediante a "graça preveniente".[5] É por intermédio da ação direta do Espírito Santo que o homem perdido em seus atos pecaminosos é convencido de seu estado atual. Santos (2016) ressalta que o Espírito Santo, pela graça preveniente, "convence, chama e ilumina" as pessoas, a fim de que elas possam voltar seus corações para Deus. Ele (o Espírito Santo), convence o homem do pecado: *"E, quando ele vier, convencerá o mundo do pecado, e da justiça e do juízo. Do pecado, porque não creem em mim; Da justiça, porque vou para meu Pai, e não me vereis mais"* (Jo 16, 8-10); Chama os pecadores à salvação: *"Mas, quando vier o Consolador, que eu da parte do Pai vos hei de enviar, aquele Espírito de verdade, que procede do Pai, ele testificará de mim"* (Jo 15,26); e ilumina a mensagem do

---
5 Veja o capítulo 3.

evangelho (2Co 4,4-6; 1Co 2,14).

Além da atuação do Espírito Santo na vida do crente, através da graça preveniente, Ele atua em um processo contínuo, um processo de transformação e aperfeiçoamento do crente, uma vez que a obra do Espírito Santo no crente, não termina quando ele crê, pelo contrário, ela só começa (ERICKSON, 1992). Vejamos as muitas ações e etapas dessa atuação:

> 1) **Regeneração:** O Espírito Santo atua, através da regeneração e, na conversão (GILBERTO, 2015). A ação regeneradora do Espírito Santo é simbolizada por um banho renovador, como sugerido pelo Apóstolo Paulo: *"Deus nos salvou pelo lavar regenerador e renovador do Espírito Santo"* (Tt 3,5). É o novo nascimento espiritual, "do alto", do Espírito (Jo 3,3-8). É a nova vida purificada de todo o pecado. A regeneração, aponta Erickson (1992, p.355),

>> é a transformação miraculosa do indivíduo e a instalação da energia espiritual. Jesus deixou bem claro a Nicodemos que a regeneração, que é essencial para sermos aceitos pelo Pai, é um acontecimento sobrenatural, e o Espírito Santo é o agente que o produz (Jo 3.5,6). A carne (i.e., o esforço humano) não é capaz de efetuar essa transformação. E essa transformação nem pode ser compreendida pelo intelecto humano. Jesus, de fato, comparou essa obra do Espírito com o soprar do vento: "O vento sopra onde quer, ouves a sua voz, mas não sabes donde vem, nem para onde vai; assim é todo o que é nascido do Espírito" (v. 8)

2) **Santificação:** A santificação denota uma dupla ação de separação: a primeira, separação do pecado, de tudo o que é profano e; segundo, uma separação para Deus, uma vida consagrada a Deus. O Apóstolo Paulo enfatiza a compreensão da santidade como separação do pecado ao dizer que o crente está morto para o mundo (Rm 6,4) e vive em novidade de vida em Deus e para Deus (Rm 6,18-20). Santos (2016) sublinha que a santificação, como apresentada no Novo Testamento, se dá em três etapas: Posicional, Progressiva e Final.

- **Santificação Posicional:** É o nosso *status* inicial, a partir de nossa justificação e regeneração. É a condição concedida, graciosamente, por Deus ao crente, que nos coloca na posição de inocentados dos nossos pecados e renovados em nosso interior (Hb 10,10-14).
- **Santificação Progressiva:** Em Cristo, somos um povo santo, contudo, não nos tornamos perfeitos como indivíduos. A santificação progressiva é o nosso crescimento gradual "nas coisas espirituais", no caminho do aperfeiçoamento e semelhança com Jesus. Esse processo é diário, mortificando o velho homem e se abstendo das coisas carnais (Ef 4,22-24; Cl 3,9).
- **Santificação Final:** Está vinculada ao porvir, no dia do reencontro com Cristo, por ocasião do seu retorno (1Ts 5,23). É, de suma importância, o reconhecimento de nossas fraquezas e imperfeições, enquanto nessa vida. Contudo, nossa esperança no Senhor deve nos motivar a lutar contra a nossa natureza pecaminosa, e, alimentando nossa esperança no retorno de Cristo, que completará sua obra em nós, transformando à sua semelhança (1Jo 3,2-3).

3) **Fruto do Espírito:** Viver no Espírito Santo gera no crente um conjunto de qualidades produzidas pelo próprio Espírito (Gl 5). Essas qualidades são coletivamente chamadas de "Fruto do Espírito". Está no singular, pois expressa a obra do Espírito Santo que se manifesta em muitas formas na vida do crente. Assim, ao andarmos continuamente com o Espírito, mortificando a carne e sua concupiscência, o Espírito Santo (não está atrelado às qualidades morais da pessoa) produzirá seu fruto em nós.

2.2 Os Dons Espirituais

Quando nos referimos aos dons espirituais estamos lidando com a relação íntima entre o Espírito Santo e a Igreja. É o Espírito Santo que atua e se manifesta na Igreja, através dos dons espirituais e ministeriais, como atesta Brunelli (2016, p.247), para,

cuidar, dirigir, sustentar e adornar a Igreja, o Espírito Santo manifestou-se a ela com grande poder. Aliás, foi esta palavra que Jesus usou para falar da vinda definitiva do Espírito Santo à terra (Jo 14.6) após a Sua partida para o céu: "Mas recebereis o poder do Espírito Santo, que há de vir sobre vós; e ser-me-eis testemunhas tanto em Jerusalém como em toda a Judeia e Samaria e até aos confins da terra" (At 1.8). Por isso, Ele não chegou tímido, mas com grande expressão. Foram línguas de fogo, som de ventania e mais de uma centena de pessoas falando línguas diferentes, sem nunca as terem aprendido.

Não há dúvida de que a Igreja primitiva experimentou a plenitude dos dons espirituais. Segundo Gilberto (2015, p.196),

> Foi a poderosa e abundante operação dos dons do Espírito que promoveu a expansão da igreja primitiva como se vê no livro de Atos dos Apóstolos e nas Epístolas. Foi dotada de dons espirituais que a igreja de então continuou crescendo sem parar e triunfando, apesar das limitações da época, da oposição e das perseguições. A obra missionaria também avançou celeremente como fogo em campo aberto.

Os dons foram concedidos pelo Espírito Santo como uma dotação especial e sobrenatural para o crente, para o serviço de edificação do corpo de Cristo.

Mas a manifestação do Espírito é dada a cada um, para o que for útil. Porque a um pelo Espírito é dada a palavra da sabedoria; e a outro, pelo mesmo Espírito, a palavra da ciência; E a outro, pelo mesmo Espírito, a fé; e a outro, pelo mesmo Espírito, os dons de curar; E a outro a operação de maravilhas; e a outro a profecia; e a outro o dom de discernir os espíritos; e a outro a variedade de línguas; e a outro a interpretação das línguas. Mas um só e o mesmo Espírito opera todas estas coisas, repartindo particularmente a cada um como quer (1Co 12,7-11).

Assim, podemos concluir que os dons foram concedidos para edificação e serviço mútuo na Igreja; não foram concedidos para benefício daquele que o recebeu, mas para benefício de outrem; ninguém possui todos os dons, ninguém é "autossuficiente em si" (SANTOS, 2016).

2.3 Continuísmo e Cessacionismo

Se a presença dos dons espirituais era uma realidade visível e constante nos primeiros séculos do cristianismo, não é o que se pode ver no decorrer da história da Igreja. A compreensão de que os dons espirituais listados pelo Apóstolo Paulo em 1Co 12,7-11 havia cessado era um consenso no protestantismo. Essa leitura ficou conhecida como "Cessacionismo", ou seja, essa visão afirma que os dons espirituais cessaram no primeiro século, com a morte dos Apóstolos e, com a conclusão dos livros da Bíblia.

Já o movimento pentecostal, que tem sua história e experiência de surgimento atrelado aos dons espirituais, em especial, o falar em línguas, afirma que, ainda hoje, o Espírito Santo inspira sua Igreja para falar em línguas, com revelações proféticas, além de operar curas e milagres. Essa visão ficou conhecida como "Continuísmo" ou "Continuacionismo" (SANTOS, 2018).

João Santos (2016, p.150) destaca três argumentos básicos utilizados pela visão cessacionista para sustentar sua posição:

> O primeiro tipo de argumento é aquele que defende a unidade das Escrituras como fonte de revelação; o segundo tipo de argumento aponta para a falta de manifestação sobrenaturais do Espírito Santo durante a história da Igreja e o terceiro tipo de argumento aponta para as falhas do movimento pentecostal como evidência de que as Igrejas continuístas praticam falsos dons.

Em contrapartida, Santos (2016) sugere três argumentos básicos em resposta aos argumentos cessacionistas. O primeiro argumento é a refutação de que se encontra no Novo Testamento uma declaração que os dons sobrenaturais cessarão antes do retorno de Cristo. Ao se referir à 1 Coríntios 13,8-12, Paulo não estava se referindo às Escrituras, mas ao retorno de Cristo, ou seja, ele afirma que somente após o retorno de Cristo é que os dons cessariam.

Quanto ao argumento de que não há registros históricos da manifestação dos dons espirituais na Igreja após a morte dos apóstolos, Santos (2016) cita os exemplos de Irineu de Lião, em sua epístola *Contra as heresias*, bem como o registro de Orígenes, em sua epístola *"Contra Celso"*, que atestam a presença do Espírito Santos, capacitando os fiéis e lhes concedendo novas línguas e profecias. Sublinha, também, que o próprio Orígenes aponta para a diminuição da atuação do Espírito na Igreja, contudo, como resultado da carnalidade e desatenção com as coisas espirituais, não como uma decisão soberana de Deus. Assim acontece durante toda a história da Igreja medieval e moderna.

O último argumento do autor enfatiza que "a existência de fraudes não desqualifica a continuidade dos dons" (SANTOS, 2016, p.156). O fato de alguns líderes e pastores pentecostais se utilizarem da fé e dos dons para fins fraudulentos, não anula a legitimidade da experiência sobrenatural do Espírito Santo. Os principais críticos desses líderes e falsos profetas são os próprios pentecostais. Não se nega a existência de tal falsificação e mau uso dos dons do Espírito Santo, apenas ressalta que isso não é um problema novo.

O exemplo utilizado por Santos (2016) é o da Igreja de Corinto, que não lhe faltava nenhum dom espiritual, mas, na Igreja, havia facções e dissensões. Mesmo assim, o apóstolo Paulo não invalidou os dons espirituais, tampouco, afirmou que o Espírito Santo não estava entre eles, ou, que os dons exercidos em Corinto eram falsos.

Questão para Reflexão

Reflita sobre como o Espírito Santo atua em todos os momentos na vida do crente, desde o convencimento do pecado à capacitação para servir.

CAPÍTULO 3

Os Nomes e os Símbolos do Espírito Santo

Nas Escrituras Sagradas, encontramos diversos nomes e símbolos que evidenciam a profundidade e a riqueza das manifestações e operações do Espírito Santo. Neste capítulo, vamos estudar, de forma sistemática, tais recursos didáticos utilizados por Deus para revelar aspectos peculiares da terceira pessoa da Trindade. Vejamos alguns dos exemplos de nomes e títulos atribuídos ao Espírito Santo.

3.1 Os nomes do Espírito Santo

Na tradição bíblica, o Espírito Santo é conhecido por diversos nomes e/ou títulos que representam algum atributo ou qualidade peculiar que lhe dizem respeito. Ou seja, os nomes e títulos do Espírito Santo nos revelam muita coisa a respeito de quem Ele é. Vejamos alguns dos nomes atribuídos a Ele.

3.1.1 Espírito de Deus

O título mais frequente para o Espírito Santo no Antigo Testamento é "Espírito de Deus". Geralmente, esse título está relacionado às atividades que o Espírito Santo atua em harmonia com a Trindade no processo de criação do Universo: *"E o Espírito de Deus se movia sobre a face das águas"* (Gn 1.2); e, em momentos de capacitação de pessoas para tarefas especiais, como no caso do artífice do templo Bezalel: *"E o Espírito de Deus o encheu de sabedoria, entendimento e ciência em todo artifício"* (Êx 35.31). No Novo Testamento, o título é atribuído de forma clara e direta à pessoa do Espírito Santo: *"Não sabeis vós que sois o templo de Deus e que o Espírito de Deus habita em vós?"* (1 Co 3.16).

3.1.2 Espírito de Vida

O Espírito Santo também é chamado de "Espírito de Vida". Ele é chamado dessa forma porque ele mantém a vida no Universo e nos seres humanos: *"Porque a lei do espírito de vida, em Cristo Jesus, me livrou da lei do pecado e da morte"* (Rm 8.2). O mesmo Espírito que atuou em Jesus, ressuscitando-o dos mortos, atuará na vida dos salvos para a sua vivificação: *"E, se o Espírito daquele que dos mortos ressuscitou a Jesus habita em vós, aquele que dos mortos ressuscitou a Cristo também vivificará o vosso corpo mortal, pelo seu Espírito que em vós habita"* (Rm 8.11).

3.1.3 Espírito da Graça

O Espírito Santo é chamado de Espírito da Graça porque ele ajuda o pecador a reconhecer e receber a graça salvadora de Jesus Cristo. É o Espírito da Graça que nos convence de nosso pecado e nos conduz à Cristo, e sua obra na cruz do Calvário: *"De quanto maior castigo cuidais vós será julgado merecedor aquele que pisar o Filho de Deus, e tiver por profano o sangue da aliança com que foi santificado, e fizer agravo ao Espírito da graça?"* (Hb 10:29).

3.1.4 Espírito de Adoção

Ao nos encontramos com Cristo, somos conduzidos pelo Espírito Santo, ao novo nascimento, bem como convencidos de nossa nova filiação com Deus e com Cristo, por intermédio da adoção (Rm 8.15). É o Espírito Santo que imprime em nós a certeza de que somos salvos, testificando que somo filhos de Deus: *"E, se nós somos filhos, somos, logo, herdeiros também, herdeiros de Deus e coerdeiros de Cristo; se é certo que com ele padecemos, para que também com ele sejamos glorificados"* (Rm 8.17).

3.1.5 Espírito da Verdade

O Espírito Santo é chamado de Espírito da verdade porque ele conduz os discípulos de Cristo à verdade: *"Mas, quando vier o Consolador, que eu da parte do Pai vos hei de enviar, aquele Espírito de verdade, que procede do Pai, ele testificará de mim"* (Jo 15.26). A função do Espírito Santo é guiar os discípulos em Cristo para que não sejam enganados por falsas doutrinas, que levam o homem à perdição.

O Ser humano não é capaz de compreender as coisas espirituais sem a presença do mestre Espírito Santo: *"Ora, o homem natural não compreende as coisas do Espírito de Deus, porque lhe parecem loucura; e não pode entendê-las, porque elas se discernem espiritualmente"* (1 Co 2.14). É ele que ilumina nossa mente para compreender tudo o que diz respeito as Escrituras, haja vista que é o Inspirador da mesma (2Pe 1.21; 2Tm 3.15-17).

3.1.6 Espírito Consolador

Pouco antes de sua partida, Jesus prometeu a vinda de um "outro Consolador, para que fique convosco para sempre;" (Jo 14.16). A expressão Consolador, na língua grega é *parákletos* (Παράκλητος) que pode ser definido como defensor, ajudador, intercessor, advogado. Assim, o Espírito Santo seria o consolador que estaria ao lado dos discípulos no período de ausência de Cristo. Ao deixar o mundo, Jesus sabia que seria necessária a presença de alguém que tivesse as mesmas qualificações pessoais que Ele, para acompanhar os seus discípulos. Nos momentos difíceis é o Espírito Consolador que nos acalenta, intercede, e nos abraça de forma consoladora: *"Assim, pois, as igrejas em toda a Judeia, e Galileia, e Samaria tinham paz e eram edificadas; e se multiplicavam, andando no temor do Senhor e na consolação do Espírito Santo"* (At 9.31).

3.2 Os Símbolos do Espírito Santo

Os símbolos atribuídos ao Espírito Santo, nas Escrituras, têm um caráter didático. Eles carregam consigo significados específicos e aspectos ligados à atuação do Espírito Santo. São estratégias didáticas, utilizadas por Deus, para demonstrar quem é o Espírito Santo e como ele age. Mark D. McLean (2020, p.387) aponta que:

> Os símbolos oferecem quadros de coisas abstratas, como a terceira pessoa da Trindade. Os símbolos do Espírito Santo também são arquétipos. Em literatura, arquétipo é um personagem, tema ou símbolo comum a várias culturas e épocas. Em todos os lugares, o vento representa forças poderosas, porém invisíveis; a água límpida que flui representa o poder e o refrigério sustentador da vida a todos os que têm sede, física ou espiritual; o fogo representa uma força purificadora (como na purificação de minérios) ou destruidora (frequentemente citada no juízo). Tais símbolos representam realidades intangíveis, porém genuínas.

À luz da Bíblia descreveremos o que esses símbolos significam, o que representam e quais são eles.

3.2.1 Vento

O vento é uma das representações simbólicas mais vívidas do Espírito Santo, nas Escrituras. No hebraico, a palavra que significa vento é *ruach* (רוּחַ), que possui um amplo alcance semântico na língua hebraica. Pode significar "sopro", "espírito" ou "vento". É a palavra que é utilizada para descrever, tanto a natureza, como as manifestações do Espírito Santo no Antigo Testamento. Em grego, a palavra que significa vento, sopro, espírito é *pneuma* (πνευμα). O vento, como símbolo do Espírito Santo, aponta Williams (2011, p.478-479) é

> descrito de modo notável na descida do Espírito Santo no Pentecoste. Atos 2.2 diz: "De repente veio do céu um som, como de um vento muito forte,34 e encheu toda a casa na qual estavam assentados". Tal som, como um vento muito forte, era o Espírito Santo: invisível, mas, no entanto, poderosamente sentido por todos.

Mesmo antes de Pentecostes, Jesus após a ressurreição, em um encontro que teve com os discípulos, assoprou sobre eles: *"E, havendo dito isso, assoprou sobre eles e disse-lhes: Recebei o Espírito Santo"* (Jo 20.22).

3.2.2 Água

A água é um elemento primordial para a subsistência do ser humano. Embora esse símbolo tenha sido utilizado por Jesus para descrever a si mesmo, quando se oferece como água da vida para a mulher samaritana, na beira do poço (Jo 4.14), Ele também se referiu à água como símbolo do Espírito Santo: *"Se alguém tem sede, venha a mim e beba. Quem crer em mim, como diz a Escritura, 'do seu interior fluirão rios de água viva. Ele estava se referindo ao Espírito"* (Jo 7.37-39). Essa água, aponta Williams (2011, p.479), "que Jesus dá, e que jorra para a vida eterna, flui por ação do Espírito Santo. Água transbordante e em efusão: a representação vivida do Espírito Santo".

Essa figura da água representando o Espírito Santo já havia sido profetizada pelos profetas, tais como em Isaías:

Não tenha medo, ó Jacó, meu servo, Jesurum, a quem escolhi. Pois derramarei água na terra sedenta, e torrentes na terra seca; derramarei meu Espírito sobre sua prole, e minha bênção sobre seus descendentes" (Is 44.2,3).

Ezequiel teve uma visão do templo, de onde saía água (47.1-9). A princípio, a água era rasa, mas tornou-se profunda como um rio, de modo que *"onde o rio fluir tudo viverá"* (v. 9). Zacarias fala do dia da vinda do Senhor com estas palavras: *"Naquele dia águas correntes fluirão de Jerusalém"* (14.8).

3.2.3 Fogo

A ligação entre o Espírito Santo e o fogo pode ser vista nas palavras de Jesus: *"Ele os batizará com o Espírito Santo e com fogo"* (Mt 3.11; Lc 3.16).

O aspecto mais amplo do fogo como elemento purificador encontra-se no pronunciamento - ou profecia - de João Batista: *"Ele vos batizará com o Espírito Santo e com fogo. Em sua mão tem a pá, e limpará a sua eira, e recolherá no celeiro o seu trigo, e queimará a palha com fogo que nunca se apagará"* (Mt 3.11,12).

O fogo aparece, também, simbolizado no dia de Pentecostes em Atos 2. Os versículos 3 e 4 dizem: *"E viram o que parecia línguas de fogo, que se separaram e pousaram sobre cada um deles. Todos ficaram cheios do Espírito Santo e começaram a falar noutras línguas, conforme o Espírito os capacitava".* Esse simbolismo é utilizado apenas uma vez para retratar o batismo com o Espírito Santo.

Em suma, aponta Brunelli (2016, p.182): "O fogo fala de força, de poder destrutivo; desse modo, muitos relacionam a ação do Espírito Santo, quando simbolizada pelo fogo, como um poder que destrói o pecado, trazendo purificação".

3.2.4 Pomba

O Espírito Santo desceu sobre Jesus em forma de pomba, conforme descrevem os evangelhos. A pomba é um animal que representa o arquétipo da mansidão e da paz. Nesse sentido aponta Mclean (2020, p.388): "O Espírito Santo habita em nós. Ele não toma posse de nós, mas nos liga a si mesmo com amor, em contraste às correntes dos hábitos pecaminosos. Ele é manso e, nas tempestades da vida, produz paz".

3.2.5 Óleo

O Azeite era utilizado para a consagração de reis, profetas e sacerdotes (Sl 133.2; 1Sm 16.13). O azeite, portanto, é o símbolo da consagração divina. A unção feita com óleo passou a ser empregada como operação do Espírito Santo na pessoa. Pedro, em seu sermão diante de Cornélio, declara: *"Deus ungiu a Jesus de Nazaré com o Espírito Santo e com virtude"* (At 10.38). Citando Isaías 61.1,2, Jesus proclama: "O Espírito do Senhor é sobre mim, pois que me ungiu para evangelizar os pobres" (Lc 4.18). Mclean (2020, p.388) sublinha que, Dessa forma, o Espírito Santo é o óleo (ou unção) divino por meio do qual o crente é ungido e conduzido a toda a verdade".

3.2.6 Selo

O selo é um sinal de propriedade. Na antiguidade, tanto animais como escravos, e mesmo correspondências, eram selados como sinal de propriedade e não podiam ser violados. O Apóstolo Paulo fala que, os salvos têm um selo de pertencimento, ligado ao Espírito Santo da promessa: *"Em quem também vós estais depois que ouvistes a palavra da verdade, o Evangelho da vossa salvação; e tendo nele também crido fostes selados com o Espírito Santo da promessa"* (Ef 1.13). Essa marca é o próprio Espírito Santo: *"O qual também nos selou e deu o penhor do Espírito em nosso coração"* (2 Co 1.22).

O cristão, por meio do selo, é propriedade exclusiva de Deus e não pertence mais ao mundo, nem ao maligno. O selo não pode ser confundido como sendo o sinal do Batismo com Espírito Santo. Nem todo salvo é batizado com o Espírito Santo, mas, todo salvo tem o selo do Espírito.

Questão para Reflexão

Reflita sobre os nomes e os símbolos do Espírito Santo e como ele podem contribuir para que possamos conhecer melhor a sua pessoa e sua atuação na vida dos servos de Cristo.

CAPÍTULO 4

Doutrina da Igreja (Eclesiologia)

O termo Eclesiologia é a junção de dois vocábulos gregos, εκκλεσία (*ekklesía*, assembleia; congregação, reunião, igreja) e, λόγος (palavra, discurso, estudo). A Eclesiologia é a modalidade da teologia que estuda os assuntos concernentes à Igreja.

A Igreja é a concretização dos desígnios de Deus, concernentes à salvação da humanidade. Ela não é uma realidade em si mesma, mas a continuidade do ministério terreno de Jesus, cuja tarefa essencial é sinalizar o Reino de Deus. Suas características essenciais, portanto, passam tanto pela dimensão humana, quanto divina.

4.1 Igreja como comunhão

Há muitas expressões na Bíblia que são aplicadas à Igreja: "sal da terra"; "luz do mundo"; "carta de Cristo"; "noiva de Cristo", "Israel de Deus", "remanescente", "raça eleita", "sacerdócio real", "nação santa", "casa de Deus", "servos de Cristo" (CALDAS, 2007). Entretanto, a metáfora que mais se aplica à Igreja no Novo Testamento é a expressão "corpo de Cristo".

A Igreja do Novo Testamento não é precisamente uma "instituição". O Corpo de Cristo nada mais é do que uma comunhão de pessoas. É "comunhão de Jesus Cristo": *"Fiel é Deus, pelo qual fostes chamados à comunhão de seu Filho Jesus Cristo, nosso Senhor"*. (1Co 1,9). Ela também é comunhão no Espírito Santo: *"A graça do Senhor Jesus Cristo, e o amor de Deus, e a comunhão do Espírito Santo sejam com todos vós"* (2Co 13:13-14).

Ela é, especificamente, κοινωνία (*koinonía*, comunhão, fraternidade, relacionamento íntimo) significa uma participação comum, uma condição de estar juntos, uma vida em comunidade. Os fiéis estão ligados uns aos outros. Qual é o elo de ligação entre os fiéis? O que eles têm em comum não é, precisamente, "coisa", nem "algo", mas "Ele", Cristo e Seu Santo Espírito. Ela não é um clube ou um ajuntamento social, é uma realidade espiritual, por isso, o referencial para explicá-la é transcendental, ou seja, precisamos do auxílio da cristologia e da pneumatologia para falar da Igreja (CALDAS, 2007).

O teólogo Emil Brunner (2004, p.27) define a comunhão como a verdadeira natureza da Igreja:

> É exatamente nisto que reside a miraculosa, a excepcional, a definitiva natureza da Igreja: Que como corpo de Cristo nada tem a ver com uma organização e nada tem do caráter institucional sobre ela. É precisamente isso que ela tem em mente quando descreve-se como o corpo de Cristo.

A Igreja como corpo de Cristo é declaração de sua unidade na diversidade, funcionando como um organismo vivo. Ou seja, todos os cristãos devem trabalhar; individualmente, cada um tem uma responsabilidade a cumprir. Não há membros mais importantes que os outros, nenhum é dispensável, todos agregam valor, como apontado pelo Apóstolo Paulo:

Assim nós, que somos muitos, somos um só corpo em Cristo, mas individualmente somos membros uns dos outros (Rm 12,5)

E sujeitou todas as coisas a seus pés, e sobre todas as coisas o constituiu como cabeça da igreja, Que é o seu corpo, a plenitude daquele que cumpre tudo em todos (Ef 1,22-23)

E ele é a cabeça do corpo, da igreja; é o princípio e o primogênito dentre os mortos, para que em tudo tenha a preeminência. (...) Regozijo-me agora no que padeço por vós, e na minha carne cumpro o resto das aflições de Cristo, pelo seu corpo, que é a igreja; (Cl 1,18,24).

Dessa forma, compreendemos que a Igreja comunal precede à Igreja individual, a realidade expressa no dia de Pentecostes aponta para a Igreja como portadora da Palavra e do Espírito Santo, que precede à Igreja individual.

4.2 Origem Pneumática da Igreja

A maioria dos teólogos sugerem o dia de Pentecostes, registrado no livro de Atos dos Apóstolos 2, como a inauguração da Igreja (DUSING, 2020). Entretanto, as ações da Igreja se reportam ao ministério de Jesus, seus ensinamentos e ações. A pregação dos discípulos era a mesma de Jesus, a saber, a concretização do Reino de Deus e sua volta iminente. A Igreja, portanto, além de ser resultado do evento pascal, ou seja, da morte e ressurreição de Jesus, é portadora da mensagem do Cristo ressurreto e de sua volta iminente para a concretização do reinado de Deus.

Com o endurecimento do povo, o martírio de Tiago, a prisão e fuga de Pedro e a motivação do Espírito Santo, foram levados à missão para além da Palestina. Ao irem à missão e ao se decidirem a isso, os Doze deram, movidos pelo Espírito Santo (At 15, 28), um passo decisivo. Assumiram os elementos introduzidos pelo Jesus histórico (a mensagem, os doze, o batismo, a eucaristia etc.) e fundaram a Igreja concreta.

Mas, sua origem, seus fundamentos, não são apenas cristológicos, como são pneumatológicos, também. Ela nasce no dia de Pentecostes, mergulhada no poder e na plenitude do Espírito Santo, cheia do Espírito. A dimensão pneumatológica da Igreja é importantíssima para a compreensão do seu papel na economia da salvação, uma vez que a origem de Igreja coincide com a inauguração dos fins dos tempos, que é também a era do Espírito, como atestado por Joel 2, e, relembrado por ocasião do Pentecostes, em Atos 2:

Mas isto é o que foi dito pelo profeta Joel: E nos últimos dias acontecerá, diz Deus, Que do meu Espírito derramarei sobre toda a carne; E os vossos filhos e as vossas filhas profetizarão, Os vossos jovens terão visões, E os vossos velhos sonharão sonhos; E também do meu Espírito derramarei sobre os meus servos e as minhas servas naqueles dias, e profetizarão; E farei aparecer prodígios em cima, no céu; E sinais em baixo na terra, Sangue, fogo e vapor de fumo (At 2,16-19).

Não há como dissociar a Igreja do Espírito, pois, estão intrinsecamente ligados pela origem mútua, a Igreja nasce cheia do Espírito Santo e é guiada pelo Espírito para realizar o seu papel de Igreja. O processo iniciado pelos Apóstolos deve ser continuado pela Igreja. A base da Igreja é o ministério de Jesus, suas ações e ensinamentos, rememorados e aperfeiçoados pela atuação do Espírito Santo que participa, intensamente, de todos os movimentos da Igreja, mediante o revestimento de poder pentecostal.

A Igreja seguiu sua missão e propósito guiada pelo Espírito Santo por um longo período nos primeiros séculos. Entretanto, com a associação entre Igreja e o estado romano, por ocasião da conversão de Constantino, a Igreja se desviou do seu propósito ao enfatizar, a partir de então, o "Eclesiástico" em detrimento do "Eclesial", como aponta Dusing (2020),

> À medida que era aumentada a autoridade e o controle dos clérigos (especialmente dos bispos), diminuía a importância e a participação dos leigos. Dessa maneira, a Igreja se tornava cada vez mais institucionalizada e menos dependente do poder e orientação do Espírito Santo. O poder do bispo de Roma e da igreja sob seu controle foi crescendo, de modo que, próximo do fim da Era Antiga, a posição de papa e a autoridade da organização, que começava a ser chamada Igreja Católica Romana, se solidificaram na Europa Ocidental.

4.3 A Igreja Invisível e a Igreja visível

O que significa dizer que há uma Igreja invisível e uma Igreja visível? Estaríamos falando de uma dimensão espiritual e de uma dimensão humana? Dizer que há uma Igreja invisível é sublinhar o caráter espiritual como verdadeira Igreja que agrega todos os cristãos verdadeiros. Segundo Grudem (2012, p.716), a "igreja invisível é a igreja como Deus a vê".

A compreensão acerca da igreja invisível e da igreja visível é resultante do trabalho dos teólogos da reforma protestante. Havia um esforço de contestar a argumentação da igreja católica romana, que afirmava que somente na organização visível da igreja era possível encontrar a verdadeira igreja, a única igreja verdadeira. Os reformadores discordavam, pois para eles, a igreja católica romana tinha a forma externa, a organização, mas era apenas uma concha. Calvino argumentou que assim como Caifás (sumo sacerdote na época de Cristo) era descendente de Arão e não era um verdadeiro sacerdote, também os bispos católicos romanos "descendiam" dos apóstolos em uma linha de sucessão, mas não eram verdadeiros bispos da igreja de Cristo. Pelo fato de terem se afastado da verdadeira pregação do evangelho, a organização visível deles não era a igreja verdadeira (GRUDEM, 2012, p.717).

A ideia protestante de Igreja faz distinção entre igreja visível, equivalente a igreja institucional, e a igreja invisível, composta por todos os crentes que são lavados e remidos pelo sangue de Cristo, nascidos do Espírito de Deus, o corpo de Cristo. Assim, "a Igreja invisível é infinitamente maior do que a Igreja visível; ela soma todos os santos que já chegaram ao paraíso desde que a era da graça teve seu início" (BRUNELLI, 2016, p.29).

Todavia, a igreja verdadeira de Cristo também tem um aspecto visível. É a igreja "como os cristãos a veem na terra" (GRUDEM, 2012, p.717). Nesse sentido, a igreja visível é composta por todos aqueles que professam a fé em Cristo e demonstram tal fé na vida. A igreja visível é correspondente a igreja local, como pode ser vista no Novo Testamento: *"à igreja de Deus que está em Corinto"* (ICo 1.2); *"à igreja dos tessalonicenses"* (ITs 1.1); *"a Filemom [...] e Áfia [...] e Arquipo [...] e a igreja que está em sua casa"* (Fm 1-2). É o conjunto de pessoas que se reúnem em determinado lugar para professar a fé e cultuar a Deus.

As Escrituras são claras a afirmar que na Igreja visível havia (e sempre haverá) descrentes, uma vez que não sabemos exatamente quem são aqueles que vivenciam a fé em Cristo verdadeiramente, mas "(...) o Senhor conhece os que são seus (...)" (2 Tm 2,19).

Questão para Reflexão
Pense sobre os fundamentos cristológicos e pneumatológicos da Igreja, e como esses aspectos estão presentes ou ausentes nas Igrejas na modernidade.

CAPÍTULO 5

Os Propósitos da Igreja

A Igreja não veio à existência para ser um fim em si mesma, esse não é o propósito pensado por Deus para ela. Pelo contrário, afirma Dusing (2020), "Igreja é uma comunidade formada por Cristo em benefício do mundo. Cristo entregou-se em favor da Igreja, e então a revestiu com o poder do dom do Espírito Santo a fim de que ela pudesse cumprir o plano e propósito de Deus".

Nesse plano e propósito de Deus podemos incluir: a evangelização, a adoração, a edificação e a responsabilidade social.

5.1 A evangelização

A ordenança principal de Cristo aos seus discípulos, antes de ascender ao céu, foi: *"Portanto, ide, ensinai todas as nações, batizando-as em nome do Pai, e do Filho, e do Espírito Santo; ensinando-as a guardar todas as coisas que eu vos tenho mandado; e eis que eu estou convosco todos os dias, até à consumação dos séculos. Amém!"* (Mt 28,18-19). A Igreja é chamada a ser uma comunidade evangelizadora; os discípulos deveriam proclamar o evangelho, mediante o poder do Espírito Santo (At 1,8). A comissão era ampla, aponta Erickson (2015), ela abrange tudo: "Em Mateus 28.19, Jesus fala de "todas as nações" e, em Atos 1.8, faz uma lista específica: *"sereis minhas testemunhas, tanto em Jerusalém como em toda a Judeia e Samaria, e até os confins da terra"*.

5.2 Adoração

Além de direcionar sua atenção à evangelização, a igreja deve estar voltada para a adoração, ou seja, totalmente voltada para o Senhor: *"Portanto, quer comais, quer bebais ou façais outra qualquer coisa, fazei tudo para a glória de Deus"* (1 Co 10.31). Ao fazê-la, a igreja está cumprindo o principal propósito de sua existência (Ef 1,12).

5.3 A edificação

Na evangelização a igreja está voltada para o mundo, na adoração, volta-se para o Senhor, e, na edificação, a igreja volta-se para si. Ela tem a obrigação de nutrir aqueles que já são cristãos, levá-los à maturidade na fé. Nas Escrituras encontramos em muitas passagens os crentes sendo encorajados à edificação mútua:

> *"E ele mesmo deu uns para apóstolos, e outros para profetas, e outros para evangelistas, e outros para pastores e doutores, com vistas ao aperfeiçoamento dos santos para o desempenho do seu serviço, para a edificação do corpo de Cristo, até que todos cheguemos à unidade da fé e do pleno conhecimento do Filho de Deus, à perfeita varonilidade, à medida da estatura da plenitude de Cristo"* (*Ef 4.12-13*).

De acordo com Dusing (2020), essa edificação toma corpo de várias maneiras: Por exemplo: ensinar e instruir os outros nos caminhos de Deus, certamente, enriquece a família da fé (Mt 28.20; Ef 4.11,12). Administrar a correção espiritual, numa atitude de amor, é essencial na ajuda ao irmão desviado, a fim de que permaneça no caminho da fé (Ef 4.15; Gl 6.1). Compartilhar com os necessitados (2 Co 9), levar os fardos uns dos outros (Gl 6.2) e fornecer oportunidades para convívio e interação social cristãos sadios são meios relevantes de edificar o corpo de Cristo.

5.4 Responsabilidade Social:

Essa é uma das responsabilidades da igreja que é mais negligenciada. O receio de ser mal compreendido como "modernistas", ou ser associado a correntes conhecidas como "evangelho social", levam muitos evangélicos e pentecostais à minimização da responsabilidade social. Entretanto, tal negligência representa a negação de diversas passagens bíblicas que atestam essa responsabilidade da igreja.

Encontramos essa postura no ministério de Jesus, caracterizada pela profunda compaixão pelos pobres e marginalizados da Galileia (Mt 25,31-46; 10,25-37); bem como nas epístolas de Tiago: *"A religião pura e imaculada diante do nosso Deus e Pai é esta: visitar os órfãos e as viúvas nas suas dificuldades e não se deixar contaminar pelo mundo"* (1,27); e 1 João: *"Quem, pois, tiver bens do mundo e, vendo seu irmão em necessidade, fechar-lhe o coração, como o amor de Deus pode permanecer nele? Filhinhos, não amemos de palavra, nem de boca, mas em ações e em verdade"* (3,17-18).

5.5 As Ordenanças da Igreja

As ordenanças da Igreja também são conhecidas como sacramentos. Elas são compreendidas como sinais visíveis da graça de Deus, meios pelos quais Deus dispensa sua graça aos seus membros. Tais ordenanças (ou sacramentos) variam de acordo com o segmento cristão. Para a Igreja Católica, os sacramentos são sete:

1. Batismo
2. A confirmação do batismo (crisma)
3. A eucaristia (Ceia do Senhor)
4. Penitência (ou confissão)
5. Extrema unção (ministrada a pessoa moribunda e é feita com uso de óleo)
6. Ordens sagradas (ordenação ao sacerdócio ou ao diaconato)
7. Casamento

Tais meios de graça, aponta Brunelli (2016), são compreendidos como essenciais para a salvação do fiel, uma vez que para a Igreja Católica Romana "todo ato religioso é meio de salvação".

As Igrejas protestantes reconhecem apenas dois sacramentos: o batismo e a santa ceia, não como "meios de salvação", como os católicos, mas "meios de os cristãos receberem mais bênçãos e nada acrescentam à nossa aptidão de receber a justiça divina" (GRUDEM, 2012, p.801-802).

5.5.1 Batismo

O termo "batismo" ou "batizar" vem do verbo $\beta\alpha\pi\tau\iota\zeta\omega$, *Baptizo*, que significa "imergir", "mergulhar". O batismo é reconhecido como o ritual pelo qual as pessoas se tornam membros da Igreja (SANTOS, 2018). O batismo é, também, o ato público de confessar Jesus como Salvador. Ele, simbolicamente, representa nossa identificação com Cristo na sua morte e ressurreição: *"Sepultados com ele no batismo, nele também ressuscitastes pela fé no poder de Deus, que o ressuscitou dos mortos"* (Cl 2.12).

Houve muitas formas de batismo durante a história da igreja. A distinção entre elas, geralmente, girava em torno da questão sobre como deveria ser administrado e quem poderia recebê-lo.

Algumas Igrejas praticam o *pedobatismo*, como apontado por Brunelli (2016, p.125): "O pedobatismo é o batismo infantil (do grego *pedo*, infantil). Ele é praticado pela Igreja Católica e por Igrejas evangélicas reformadas, como: luteranas, episcopais e presbiterianas, congregacionais, metodistas e algumas outras".

O argumento para o *pedobatismo,* por parte dos católicos, é a afirmação que, para se tornar membro da Igreja, a pessoa deve ser batizada; assim, para ser salva a criança deve ser batizada, haja vista que, somente os membros da Igreja, recebem a salvação outorgada por ela. Quanto à alegação das igrejas protestantes, Brunelli (2016, p.126) apresenta um dos principais argumentos para a prática:

> Com base nos textos bíblicos que narram o batismo de alguns chefes de família que foram batizados juntamente com todos os de sua casa, os defensores do *pedobatismo* entendem que isso incluía também as crianças. Porém, não há menção específica de que os infantes (incapazes de demonstrar fé) estivessem incluídos nesse "com todos os de sua casa". Eles também apelam para o testemunho de pais da igreja como Tertuliano (160 - 220 d.C.) e Orígenes (185 - 253 d.C.), alegando que o *pedobatismo* era uma prática comum na Igreja primitiva.

O argumento utilizado pelas Igrejas que não realizam o batismo de crianças baseia-se na exigência bíblica de que o batismo sucede à confissão de fé na pessoa de Cristo Jesus, o que pessoas inocentes são incapazes de fazer. "Quanto a serem privadas de fazer parte do Corpo de Cristo, que é a Sua Igreja, não há o que temer. As crianças gozam de um tratamento especial, não obstante lhes falte o batismo. Jesus disse que "das tais é o Reino de Deus" (Lc 18.16) (BRUNELLI, 2016).

Quanto à forma do batismo, Santos (2018, p.178) sublinha que no batismo de criança geralmente se dá por "aspersão (no qual um pouco de água é aspergida sobre a cabeça) ou efusão (no qual um punhado de água é derramado sobre a cabeça), uma prática que surgiu pela dificuldade de submergir um infante na água". Entretanto, a forma mais antiga de batismo é por imersão, em nome do Pai, do Filho e do Espírito Santo (Mt 28,19).

5.5.2 Santa Ceia

A ceia do Senhor, também conhecida como eucaristia, é uma refeição cerimonial ordenada por Jesus, durante seu último encontro com os discípulos. Se o batismo é considerado o rito de iniciação, a santa ceia é, assim, o rito de manutenção (BRUNELLI, 2016). Nos evangelhos sinóticos, temos registrado o último jantar de Jesus com seus discípulos, em que Ele instituiu a santa ceia:

> *E, tomando o pão e havendo dado graças, partiu- o e deu-lho, dizendo: Isto é o meu corpo, que por vós é dado; fazei isso em memória de mim. Semelhantemente, tomou o cálice, depois da ceia, dizendo: Este cálice é o Novo Testamento no meu sangue, que é derramado por vós (Lc 22,19-20).*

Enquanto o batismo é realizado em ato único, a santa ceia é uma ordenança que deve ser realizada perpetuamente. Os elementos da santa ceia são o pão e o vinho, que são expressões simbólicas do corpo e do sangue de Jesus Cristo, que apontam para o sacrifício de Jesus na cruz.

Entretanto, a forma como é celebrada a santa ceia, bem como a consagração dos elementos que a compõe, variam entre o catolicismo e o protestantismo. De acordo com Santos (2018, p.181), na consagração dos elementos da ceia, para os católicos,

> os elementos da eucaristia o corpo de Jesus está sendo novamente oferecido pelos nossos pecados, e seu sangue está verdadeiramente sendo derramado. A maneira em que a teologia católica exprime esta ideia é pela doutrina da transubstanciação: o pão mantém a aparência, cheiro e forma de pão, assim como o vinho mantém suas propriedades externas; mas de maneira invisível e inexplicável os elementos se transformam literalmente em corpo e sangue de Jesus.

No protestantismo, três formas de compreensão da eucaristia são enumeradas por Santos (2018): Consubstanciação, memorialismo e simbólico e espiritual. Walter Brunelli (2016, p.136) sintetiza muito bem a visão luterana e calvinista da presença de Cristo na eucaristia:

> Para Lutero, nenhum simbolismo é vazio, logo, o simbolizado está ali presente. Essa realidade é devida ao símbolo e não à suposta realidade dos elementos transformados na pessoa de Cristo. Já João Calvino, preocupado em não manter nenhum vínculo com o ensino católico acerca da ceia, diz que o Senhor está presente, não por meio dos elementos, pão e vinho, o que depreciaria Sua glória celestial. Calvino, certamente, entendia, como nós entendemos hoje, que a importância da ceia não está exatamente nos elementos que a compõem, mas no conjunto do ato em si.

Questão para Reflexão
Pense sobre os principais aspectos ligados aos propósitos da Igreja, a saber, a evangelização, a adoração, a edificação e a responsabilidade social, e como sua Igreja local tem se preocupado com tais aspectos.

Considerações finais

Como foi possível perceber, nossa disciplina é extremamente importante dentro da Teologia cristã. Buscamos oferecer uma leitura dos grandes temas da fé cristã de forma abrangente e teológica. Entretanto, buscamos encadear as doutrinas de forma que criasse uma espécie de linha cronológica da revelação de Deus. É obvio que os primeiros traços de revelação de Deus acontecem antes da produção e da organização do cânon bíblico, mas iniciar pela doutrina da Palavra de Deus reforça a ideia de que, é por intermédio de sua Palavra, que obtemos a revelação especial e precisa dos planos de Deus para a sua Criação.

Tendo reconhecido a autoridade e inspiração das Escrituras Sagradas, passamos às evidências bíblicas da revelação de Deus. Como os diversos argumentos utilizados (ainda que imprecisos) apontam para a existência de Deus e sua comunicação com sua criação a partir de seus atributos, sejam os comunicáveis e os incomunicáveis. Analisamos sua misteriosa natureza trinitária em sua exaustiva constatação nas Escrituras.

Seguimos, então, para a doutrina de Cristo, que dedicamos um capítulo inteiro para sua análise, por um lado por motivo de sua gama de informações, bem como por sua centralidade nas Escrituras e na constituição da fé cristã. O Messias/Cristo foi objeto de esperança no Antigo Testamento, um misto de escárnio e fé no Novo Testamento, objeto de debates teológicos no período da patrística e, objeto de adoração desde o período neotestamentário aos dias hodiernos. Como atesta a Reforma Protestante, Cristo é central.

Estudamos, também, a condição primeira do ser humano, sua natureza original à imagem e semelhança de Deus. De seu estado original de inocência ao seu estado segundo, em depravação total. Diante disso, estudamos as diversas teorias que sustentam o modo pelo qual Deus liberta o ser humano da sua natureza pecaminosa, mediante a morte e ressurreição de Jesus Cristo.

Por fim, e não menos importante, estudamos em conjunto a doutrina do Espírito Santo e a doutrina da Igreja. Ao enfatizar a natureza divina e os atributos do Espírito Santo, percebe-se que seu agir é potencializado na era da Graça. Como vimos anteriormente, não significa que não agisse no Antigo Testamento, mas que na economia da salvação sua atuação é latente na Igreja primitiva e atualmente. O objetivo, portanto, era demonstrar que a razão de ser da Igreja está atrelada a sua conexão com o agir do Espírito Santo. É por intermédio do Espírito Santo que a Igreja nasce, se movimenta e se organiza para cumprir sua missão no Reino de Deus.

Exercícios

UNIDADE I – A DOUTRINA DE DEUS E DAS ESCRITURAS

O termo grafh, (graphê, Escrituras) que ocorre cinquenta e uma vezes no Novo Testamento, é utilizado para se referir a qual conjunto de textos?

(   ) Novo Testamento
(   ) Livros Apócrifos
(   ) Antigo Testamento
(   ) Livros Pseudoepígrafos
(   ) Epístolas Paulinas

Qual fator contribuiu para que o processo de canonização dos livros inspirados do Novo Testamento se prolongasse?

(   ) O processo rigoroso de escolha devido o surgimento de heresias.
(   ) O processo demorado dos bispos da Igreja em decidir a respeito
(   ) A democratização dos textos bíblicos nas primeiras comunidades cristãs.
(   ) O monopólio dos textos por parte da hierarquia eclesiástica
(   ) O processo demorado de solicitação dos concílios ecumênicos.

Quem é reconhecidamente o principal protagonista no processo de canonização dos textos sagrados?

(   ) O bispo Atanásio

(   ) O Apóstolo Paulo
(   ) A Igreja primitiva
(   ) O Espírito Santo
(   ) O bispo Tertuliano de Cartago

Qual foi o papel dos Pais da Igreja no processo de canonização dos livros inspirados do Novo Testamento?

(   ) Atribuir legitimidade e autoridade aos textos
(   ) Reconhecer a autoridade divina dos textos inspirados
(   ) Decretar quais textos era inspirados e quais não eram
(   ) Delimitar o número exato de textos que deveriam compor o cânon do Novo Testamento
(   ) Investigar a autoria apostólica dos textos inspirados

Há um consenso entre os protestantes evangélicos acerca da Inspiração da bíblia, ela é inspirada por Deus e referência absoluta para a fé e prática de vida Cristã. Quanto ao modo de inspiração, qual modo de inspiração das Escrituras é consensualmente aceito pelos protestantes evangélicos?

(   ) Intuição natural
(   ) Iluminação especial
(   ) Orientação dinâmica
(   ) Ditado divino
(   ) Inspiração plenária e verbal

O ser humano é exortado por Deus para trilhar o caminho do conhecimento de Deus. Contudo, a Teontologia reconhece que Deus pode ser compreendido através de sua dupla revelação, que são classificadas como:

(   ) Geral e providencial
(   ) Providencial e especial
(   ) Geral e especial
(   ) Especial e restrita
(   ) Restrita e geral

Atributos são propriedades ou qualidades, virtudes ou perfeições próprias de um ser. Quando aplicado a Deus, os atributos d'Ele são classificados em dois grupos, quais são eles?

(   ) Comunicáveis e incomunicáveis
(   ) Incomunicáveis e incompreendidos
(   ) Ocultos e comunicáveis
(   ) Comunicáveis e incompreendidos
(   ) Incomunicáveis e ocultos

Os atributos comunicáveis de Deus são aqueles que:

(   ) Encontram ressonância na natureza
(   ) Encontram ressonância nos seres divinos
(   ) Encontram ressonância nos seres humanos
(   ) Não encontram ressonância na Criação
(   ) Não encontram ressonância nos seres humanos

Os atributos incomunicáveis de Deus são aqueles que:

(   ) São exclusividade de Deus
(   ) São exclusividade na revelação de Deus na Criação
(   ) São visíveis apenas nos seres celestiais
(   ) Encontram ressonância na criação
(   ) Encontram ressonância nos seres humanos

A doutrina da Trindade afirma que Deus subsiste em três pessoas, porém é um só Deus. "Deus existe eternamente como três pessoas, - Pai, Filho e Espírito Santo – e cada pessoa é plenamente Deus, e existe só um Deus. Contudo, no cristianismo primitivo surgiram muitos grupos conhecidos como "antitrinitarianistas", que negavam a doutrina da Trindade. Um deles é reconhecido como monarquianismo modalistas, pois criam que:

(   ) As pessoas da Trindade eram distintas
(   ) As naturezas da Trindade eram distintas
(   ) A natureza do Espírito era distinta das naturezas do Pai e do Filho
(   ) As pessoas da Trindade não eram distintas
(   ) O Espírito Santo não era divino

UNIDADE II – A DOUTRINA DE CRISTO E DOS ANJOS

Em qual momento na história de Israel o termo "ungido" se associa à figura do rei?

(   ) Na unção de Saul
(   ) Na unção de Salomão
(   ) Na unção de Davi
(   ) Na unção de Roboão
(   ) Na unção de Jeroboão

Em qual gênero literário encontrado na Bíblia floresce a esperança messiânica no período pré-exilico e pós-exílico?

(   ) Profético
(   ) Sapiencial
(   ) Salmos
(   ) Narrativo
(   ) Cânticos

Em quais textos proféticos o título "Filho do homem" pode ser encontrado?

(   ) Daniel e Oseias
(   ) Daniel e Ezequiel
(   ) Ezequiel e Oséias
(   ) Oséias e Malaquias
(   ) Malaquias e Ezequiel

Em qual texto profético o título "Filho do homem" é revestido da ideia de um salvador escatológico?

(   ) Daniel
(   ) Ezequiel
(   ) Oséias
(   ) Malaquias
(   ) Zacarias

O termo encarnação não aparece na Bíblia, a Igreja se utilizou desse termo para exemplificar:

( ) A Natureza humana de Cristo
( ) A Natureza divina de Cristo
( ) A Linhagem de Cristo
( ) A Adoção de Cristo
( ) O nascimento virginal de Cristo

A discussão acerca das duas naturezas de Cristo gerou muitas controvérsias no cristianismo primitivo. Diversos grupos ofereceram diferentes opiniões acerca do tema. Dentre eles, havia os Ebionitas que:

( ) Negavam a natureza humana de Cristo
( ) Negavam a natureza tripartida de Cristo
( ) Negavam as emoções de Cristo
( ) Negavam a natureza divina de Cristo
( ) Negavam a morte de Cristo

A discussão acerca das duas naturezas de Cristo gerou muitas controvérsias no cristianismo primitivo. Diversos grupos ofereceram diferentes opiniões acerca do tema. Dentre eles, havia o Monofisismo que:

( ) Negavam a distinção das emoções de Cristo
( ) Negava a distinção entre as duas pessoas de Cristo
( ) Negava a distinção das duas naturezas de Cristo
( ) Negava a morte de Cristo
( ) Negava a natureza tripartida de Cristo

Em qual Concílio da Igreja o dogma das duas naturezas de Cristo foi estabelecido?

( ) Concílio de Nicéia, em 325 d.C.
( ) Concílio de Calcedônia, em 451 d.C.
( ) Concílio de Constantinopla, em 481 d.C
( ) Concílio de Jerusalém, em 157, d.C
( ) Concílio de Éfeso, em 451 d.C

Com qual finalidade os evangelhos sinóticos utilizam o título "Filho de Davi" para Jesus?

( ) Reconhecê-lo como humano
( ) Reconhecê-lo como messias
( ) Reconhecê-lo como divino
( ) Reconhecê-lo como profeta
( ) Reconhecê-lo como sacerdote

A atuação ministerial de Jesus durou cerca de três anos e meio. Sua pregação, sua atuação profética, bem como suas intervenções milagrosas foram realizadas, em sua grande maioria, em que região de Israel?

( ) Judeia
( ) Samaria
( ) Galiléia
( ) Peréia
( ) Tiro e Sidon

Os anjos são realidade já no início da história bíblica, e são exaustivamente mencionados nela. Quantas vezes eles são citados no Novo Testamento?

( ) 108 vezes
( ) 165 vezes
( ) 175 vezes
( ) 109 vezes
( ) 107 vezes

As Escrituras indicam que há uma ordem e hierarquização dos anjos no céu. Eles estão distribuídos em classes diferentes. Quantas classes hierárquicas de anjos são citadas na Bíblia:

( ) Uma
( ) Três
( ) Duas
( ) Cinco
( ) Seis

A palavra "arcanjo" (gr. archangelos) significa "anjo principal". O prefixo "arch" sugere tratar-se de um anjo chefe, principal ou poderoso. Na Bíblia Sagrada, mais precisamente em Judas v.9 e I Tessalonicenses 4.16, aparecem a menção de apenas um arcanjo, quem é ele?

(   ) Gabriel
(   ) Rafael
(   ) Miguel
(   ) Natanael
(   ) Bezalel

No Concílio de Calcedônia 451 d.C foi afirmado o seguinte sobre a junção da humanidade e divindade em Cristo: "duas naturezas em uma só pessoa". A partir desta afirmação foi estabelecido o dogma da:

(   ) União Hipostática
(   ) União das humanidades
(   ) Hipóstase do Filho
(   ) Cristologia
(   ) Morte de Cristo

Qual é o texto profético que fundamenta a esperança messiânica através da casa de Davi:

(   ) 1Samuel 7
(   ) 2 Samuel 7
(   ) Isaías 9
(   ) Isaías 7
(   ) Isaías 11

UNIDADE III – A DOUTRINA DO HOMEM, DO PECADO E DA SALVAÇÃO

Além da posição de destaque na criação, domínio e cuidado da obra divina, o que mais Deus ofereceu ao homem por ocasião da sua criação?

(   ) Sua imagem e semelhança
(   ) Sua eternidade
(   ) Seu temperamento

(   ) Sua superioridade aos seres celestes
(   ) Seus atributos incomunicáveis

Três formas de compreensão acerca da *imago Dei* no ser humano foram sugeridas por Erickson (1992), a saber:

(   ) Substantiva, funcional e física
(   ) Espiritual, substantiva e funcional
(   ) Física, relacional e substantiva
(   ) Substantiva, relacional e funcional
(   ) Funcional, relacional e física

Na visão do "Dicotomismo" quais são as naturezas que compõem o ser humano?

(   ) Corpo e Espírito
(   ) Corpo, alma e Espírito
(   ) Corpo e mente
(   ) Corpo e Alma
(   ) Corpo e volição

Na visão do "Tricotomismo" quais são as naturezas que compõem o ser humano?

(   ) Corpo e Espírito
(   ) Corpo, alma e Espírito
(   ) Corpo e mente
(   ) Corpo e Alma
(   ) Corpo e volição

De acordo com a visão Tricotomista, o Espírito Santo se comunica diretamente com:

(   ) O corpo
(   ) A mente
(   ) O espírito
(   ) O intelecto
(   ) A volição

Segundo a doutrina do pecado original, para quem se estendem as consequências da transgressão de Adão?

(   ) Aos seus filhos
(   ) Às primeiras gerações
(   ) Aos judeus
(   ) Aos eleitos
(   ) À humanidade

A primeira manifestação do pecado se deu na esfera:

(   ) Humana
(   ) Celestial
(   ) Vegetal
(   ) Natural
(   ) Angelical

O pecado entrou na vida da humanidade através:

(   ) De Satanás
(   ) Dos Demônios
(   ) De Adão e Eva
(   ) Da Serpente
(   ) Do Diabo

Qual é a participação dos seres humanos no processo salvífico na visão soteriológica Monergista?

(   ) Nenhuma
(   ) Parcial
(   ) Exclusiva
(   ) Conjunta
(   ) Subtendida

Qual a participação dos seres humanos no processo salvífico na visão soteriológica Sinergista?

(   ) Nenhuma
(   ) Parcial
(   ) Exclusiva

(   ) Conjunta
(   ) Subtendida

No Calvinismo, a expiação limitada corresponde à compreensão de que a morte expiatória de Jesus:

(   ) Se restringe aos judeus
(   ) Se restringe aos eleitos
(   ) É restrita à humanidade
(   ) Se restringe aos protestantes reformados
(   ) Se restringe à Criação

João Calvino sugere, em sua Teoria da Expiação Penal e Substitutiva, que o homem através do pecado atenta contra:

(   ) A honra de Deus
(   ) A divindade de Deus
(   ) A santidade de Deus
(   ) A justiça de Deus
(   ) A graça de Deus

UNIDADE IV – DOUTRINA DO ESPÍRITO SANTO E DA IGREJA

A atuação do Espírito Santo na vida do Crente se inicia através:

(   ) Da graça Preveniente
(   ) Da Santificação
(   ) Do batismo no Espírito Santo
(   ) Do Fruto do Espírito
(   ) Do batismo nas águas

Além da atuação do Espírito Santo na vida do crente através da graça preveniente, Ele atua em um processo de transformação e aperfeiçoamento contínuo do crente, que corresponde a três etapas, a saber:

(   ) Santificação, regeneração e batismo com o espírito Santo
(   ) Regeneração, Santificação e Fruto do Espírito
(   ) Fruto do Espírito, Santificação e batismo com o Espírito Santo
(   ) Fruto do Espírito, Regeneração e batismo com o Espírito Santo
(   ) Santificação, Fruto do Espírito e Dons espirituais

A manifestação dos Dons Espirituais concedidos pelo Espírito Santo revela a relação íntima entre:

(   ) O Espírito Santo e o crente
(   ) O Espírito Santo e a Trindade
(   ) A Igreja e a humanidade
(   ) O Reino de Deus e o mundo
(   ) O Espírito Santo e a Igreja

A compreensão de que os dons espirituais listados pelo Apóstolo Paulo em 1Co 12 se restringem à época apostólica é classificada como:

(   ) Cessacionismo
(   ) Continuísmo
(   ) Antiespiritismo
(   ) Obscurantismo
(   ) Continuacionísmo

A compreensão de que os dons espirituais listados pelo Apóstolo Paulo em 1Co 12 não se restringem à época apostólica é classificada como:

(   ) Cessacionismo
(   ) Continuísmo
(   ) Antiespiritismo
(   ) Obscurantismo
(   ) Pentecostalismo

A doutrina do Espírito Santo é também conhecida como:

(   ) Teontologia
(   ) Hamartiologia
(   ) Sistemologia
(   ) Pneumatologia

(   ) Eclesiologia

Qual desses símbolos não é utilizado na Bíblia para descrever os aspectos ligados a atuação do Espírito Santo?

(   ) Vento
(   ) Fogo
(   ) Pomba
(   ) Pão
(   ) Água

Quantos sacramentos são reconhecidos oficialmente pela Igreja católica?

(   ) Cinco
(   ) Seis
(   ) Sete
(   ) Dois
(   ) Quatro

Quais sacramentos são comuns tanto ao protestantismo quanto ao catolicismo?

(   ) Batismo e Pedobatismo
(   ) Pedobatismo e Eucaristia
(   ) Eucaristia e batismo
(   ) Eucaristia e Casamento
(   ) Batismo e Casamento

Na concepção católica, os elementos da eucaristia se transformam literalmente em corpo e sangue de Jesus na celebração eucarística. Essa doutrina católica e conhecida como:

(   ) Consubstanciação
(   ) Transubstanciação
(   ) Memorialismo
(   ) Simbolismo espiritual
(   ) Meta-transubstanciação

Qual evento é sugerido pelos teólogos para a inauguração da Igreja?

(   ) Ressurreição de Cristo
(   ) Crucificação de Cristo
(   ) O concílio de Nicéia
(   ) O dia de Pentecostes
(   ) A encarnação de Cristo

Existem muitas analogias aplicadas à Igreja no Novo Testamento. Contudo, qual é a analogia que expressa de forma objetiva a unidade da Igreja?

(   ) Noiva de Cristo
(   ) Luz do mundo
(   ) Sacerdócio real
(   ) Nação Santa
(   ) Corpo de Cristo

Eclesiologia é a doutrina:

(   ) Do novo nascimento
(   ) Das últimas coisas
(   ) Da santificação
(   ) Do pecado
(   ) Da Igreja

Bibliografia

ANDRADE, Claudionor Corrêa de. Bibliologia. In: GILBERTO, Antônio (Org.). **Teologia Sistemática Pentecostal**. Rio de Janeiro: CPAD, 2015.

BRUNELLI, Walter. **Teologia para Pentecostais**: Uma Teologia Sistemática Expandida – Vol. 1-4. Rio de Janeiro: Central Gospel, 2016.

CABRAL, Elienai. Hamartiologia. In: GILBERTO, Antônio (Org.). **Teologia Sistemática Pentecostal**. Rio de Janeiro: CPAD, 2015.

CALDAS, Carlos. **Fundamentos da Teologia da Igreja**. São Paulo: Mundo Cristão, 2007.

DUSING, Michael L. A Igreja no Novo Testamento. In: HORTON, Stanley (Org.) **Teologia Sistemática: Uma perspectiva Pentecostal**. Rio de Janeiro: CPAD, 2020.

ERIKSON, Millard J. **Introdução à Teologia Sistemática**. São Paulo: Vida Nova, 1992.

ERIKSON, Millard J. **Teologia Sistemática**. São Paulo: Vida Nova, 2015.

GILBERTO, Antônio. Pneumatologia. In: GILBERTO, Antônio (Org.). **Teologia Sistemática Pentecostal**. Rio de Janeiro: CPAD, 2015.

GILBERTO, Antônio. Soteriologia. In: GILBERTO, Antônio (Org.). **Teologia Sistemática Pentecostal**. Rio de Janeiro: CPAD, 2015.

GRUDEM, Wayne. **Teologia Sistemática**. São Paulo: Vida Nova, 2012.

HIGGINS, John R. A Palavra Inspirada de Deus. In: HORTON, Stanley (Org.) **Teologia Sistemática: Uma perspectiva Pentecostal**. Rio de Janeiro: CPAD, 2020.

LIMA, Elinaldo Renovato de. Antropologia. In: GILBERTO, Antônio (Org.). **Teologia Sistemática Pentecostal**. Rio de Janeiro: CPAD, 2015.

MARTINS, Jaziel Guerreiro. **Teologia Sistemática: estudos iniciais**. Curitiba: Intersaberes, 2015.

MCGRATH, Alister E. **Teologia Sistemática, histórica e filosófica**: Uma introdução à teologia cristã. São Paulo: Shedd Publicações, 2005.

MUNYON, Timothy. A Criação do Universo e da Humanidade. In: HORTON, Stanley (Org.) **Teologia Sistemática: Uma perspectiva Pentecostal**. Rio de Janeiro: CPAD, 2020.

NICHOLS, David R. O Senhor Jesus Cristo. In: HORTON, Stanley (Org.) **Teologia Sistemática: Uma perspectiva Pentecostal**. Rio de Janeiro: CPAD, 2020.

PECOTA, Daniel B. A Obra Salvífica de Cristo. In: HORTON, Stanley (Org.) **Teologia Sistemática: Uma perspectiva Pentecostal**. Rio de Janeiro: CPAD, 2020.
SANTOS, João. **Soteriologia**. Pindamonhangaba: IBAD, 2014.
SANTOS, João. **Pneumatologia**. Pindamonhangaba: IBAD, 2016.
SANTOS, João. **Teologia Sistemática**. Pindamonhangaba: IBAD, 2018.
SILVA, Severino Pedro da. Cristologia. In: GILBERTO, Antônio (Org.). **Teologia Sistemática Pentecostal**. Rio de Janeiro: CPAD, 2015.

SOARES, Esequias. Doutrina de Deus. In: GILBERTO, Antônio (Org.). **Teologia Sistemática Pentecostal**. Rio de Janeiro: CPAD, 2015.

STRONG, Augustus Hopkins. **Teologia Sistemática**. Vol. 1-2. São Paulo: Hagnos, 2003.

WILLIAMS, J. Rodman. **Teologia Sistemática**: Uma perspectiva pentecostal. São Paulo: Vida Nova, 2011.

Made in United States
North Haven, CT
23 March 2024

50342689R10104